U0587550

QICHE DIANQI JISHU JICHU YU JINENG

汽车电气技术基础与技能

总主编　余朝宽

主　编　马艳婷　胡　萍

副主编　黄家友　王和平　李　君

参　编（排名不分先后）

　　　　黄成松　徐　刚　鄢真真　高　亮　刘林威

　　　　罗吉梁　谢　坤　王　尧　谭俊杰

重庆大学出版社

图书在版编目(CIP)数据

汽车电气技术基础与技能 / 马艳婷,胡萍主编.--
重庆:重庆大学出版社,2022.2
职业教育汽车专业新形态系列教材
ISBN 978-7-5689-2815-1

Ⅰ.①汽…　Ⅱ.①马…②胡…　Ⅲ.①汽车—电气设
备—职业教育—教材　Ⅳ.①U463.6

中国版本图书馆 CIP 数据核字(2021)第 217704 号

职业教育汽车专业新形态系列教材

汽车电气技术基础与技能

主　编　马艳婷　胡　萍
副主编　黄家友　王和平　李　君
策划编辑:陈一柳

责任编辑:陈一柳　　版式设计:陈一柳
责任校对:王　倩　　责任印制:赵　晟

*

重庆大学出版社出版发行
出版人:饶帮华
社址:重庆市沙坪坝区大学城西路 21 号
邮编:401331
电话:(023) 88617190　88617185(中小学)
传真:(023) 88617186　88617166
网址:http://www.cqup.com.cn
邮箱:fxk@ cqup.com.cn (营销中心)
全国新华书店经销
重庆俊蒲印务有限公司印刷

*

开本:787mm×1092mm　1/16　印张:11　字数:249千
2022 年 2 月第 1 版　　2022 年 2 月第 1 次印刷
ISBN 978-7-5689-2815-1　定价:39.00 元

　　本书注重以就业为导向,以能力为本位,面向市场,面向社会,体现了现代职业教育的特色,根据交通运输行业国家职业技能标准、汽车维修工国家职业技能鉴定标准编写而成,以职业能力培养为主线,具体框架为"项目描述"→"项目内容"→"项目目标"→"知识储备"→"任务实施"→"评价与考核"→"实训报告单"→"作业"。

　　全书共分 12 个项目,包括:汽车电气基础知识;汽车电气元件的认识和检测;发电机与蓄电池检测与更换;启动机的检查与保养;传感器、执行器的识别;动力电控系统功能检查;空气点火部件检测与更换;可变气门正时系统的检查与修理;燃油排气部件的检查与修理;汽车继电器控制的简单电路连接与检测;汽车 BCM 电子控制典型电路的连接与检测;汽车灯光控制器控制典型电路的连接与检测等。

　　本书在编写过程中,认真总结了多年来汽车维修专业教学经验,注意吸收国内外先进的教学模式和方法。具有以下主要特色:

　　1.每个项目都有明确的知识目标、技能目标和情感目标,包括"项目描述""项目内容""任务实施""评价反馈""教师评估"等环节,贴近生产实际,内容丰富、形式多样,有利于激发学生的学习兴趣;

　　2.在内容的选择上,车型以典型车系轿车为主,注重汽车后市场职业岗位对人才的知识、能力要求,力求与相应的职业资格标准衔接,并较多地反映了新知识、新技术、新工艺、新方法等内容。

　　本系列书编写人员来自教学一线长期从事中等职业学校汽车维修专业教学的教师、汽车制造行业和汽车维修行业的技术人员,他们具有丰富的实践和教学经验。本书由余朝宽担任总主编,马艳婷、胡萍担任主编,黄家友、王和平、李君担任副主编,参加本书编写人员有马艳婷(项目一),黄成松(项目二),胡萍(项目三),黄家友(项目四),王和平、徐刚(项目五),李君(项目六),刘林威(项目七),罗吉梁、王尧(项目八),鄢真真、高亮(项目九),谢坤(项目十),

谭俊杰(项目十一)，全书由王和平、王尧统稿，余朝宽、马艳婷、胡萍最终定稿。编写中还得到了杨清德、陈世江、王国明等行业企业、高校专家的大力支持与帮助，由唐守均担任主审。同时得到汽车与装备制造专业集群内专业教师、思政课教师的大力支持和帮助，参考和采用了许多相关专业文献和专家的建议，在此一并表示感谢。

本书中大量的图形引自车企原厂维修手册实际汽车电路图，其中，部分图形符号、名称与国家标准不符，但为了便于学生学习理解、比对操作，未予以修改。

本书可作为中职学校汽车运用与维修、汽车检测与维修技术、汽车电子技术及相关专业的教学用书，也可作为汽车电气维修行业培训用书、汽车电气维修人员和电气技术爱好者自学参考书。

由于编者水平所限，书中不妥之处在所难免，恳请读者提出宝贵意见，以便再版时修订。

编　者

2020 年 11 月

CONTENTS 目 录

项目一　汽车电气基础知识 …………………………………… 1

项目二　汽车电气元件的认识和检测 ………………… 17

项目三　发电机与蓄电池检测与更换 ………………… 27

项目四　启动机的检查与保养 ………………………… 41

项目五　传感器、执行器的识别 ……………………… 51

项目六　动力电控系统功能检查 ……………………… 63

项目七　空气点火部件检测与更换 …………………… 83

项目八　可变气门正时系统的检查与修理 …………… 97

项目九　燃油排气部件的检查与修理 ………………… 109

项目十　汽车继电器控制的简单电路连接与检测 …… 125

项目十一　汽车 BCM 电子控制典型电路的连接与检测

…………………………………………… 141

项目十二　汽车灯光控制器控制典型电路的连接与检测

…………………………………………… 155

1

项目一 | 汽车电气基础知识

【项目描述】

在汽车电气系统故障的检测与诊断中,经常需要翻阅汽车维修手册,根据维修手册检测电压、电阻和电流等参数,还需要使用专用仪器与汽车电子控制装置(ECU)相连,读取车辆故障代码以及发动机的状态信息。这些参数和信息对于发动机电气系统的故障检测与诊断具有重要意义,这就需要学生掌握使用汽车电气系统专用检测仪器的方法,包括使用汽车数字万用表和解码仪的方法。本项目主要讲解汽车电气系统常识以及数字万用表、汽车解码仪的使用3个任务,其中万用表、解码仪的正确使用为本项目重点学习内容。

【项目内容】

任务名称	主要内容
任务一　汽车电气系统常识	1.汽车电气系统的基本特点; 2.汽车电气系统的基本组成; 3.汽车电气系统的常用检测设备; 4.汽车电气系统的常见故障
任务二　数字万用表的使用	1.数字万用表的测量项目; 2.用数字万用表电阻挡测量并检测常用汽车元件; 3.用数字万用表电压挡带电测量并检测汽车元件
任务三　汽车解码仪的使用	1.使用 KT600 解码仪读取并清除故障码; 2.使用 KT600 解码仪读取动态数据流; 3.使用 KT600 解码仪匹配节气门

【项目目标】

1.能理解汽车电气系统的基本特点,说出汽车电气系统的基本组成部分。

2.会使用汽车电气系统常用检测设备;会正确选用万用表、解码仪的挡位和功能;

会用万用表检测常用汽车电气元件；能用万用表排除简单汽车电路故障；会用解码仪读取数据流并清除故障点。

3.能够识读万用表、解码仪上的数据。

4.在操作过程中，树立学生常备不懈的安全操作意识和安全用电常识，培养学生踏实、肯干、肯钻研的工作态度和良好的岗位职责意识。

5.培养学生的环保意识，能对实训后的垃圾进行合理分类。

【知识储备】

一、汽车电气系统的基本特点

1.单线制

单线制就是指利用汽车发动机和底盘、车身等金属机件作为各种用电设备的共用连线(称搭铁)，而用电设备到电源只需另设一根导线。但在一些不能形成可靠的电气回路或需要精确电子信号的回路中，仍采用双线。

2.负极搭铁

采用单线制时，将蓄电池的负电极用导线连接到发动机或底盘等金属车体上。我国标准中规定汽车电气设备必须采用负极搭铁。目前世界各国生产的汽车也大多采用负极搭铁方式。

3.两个电源

两个电源是指蓄电池和发电机两个供电电源。蓄电池是辅助电源，发电机是主电源，向用电设备供电，同时对蓄电池进行充电。

4.用电设备并联

用电设备并联是指汽车上的各种用电设备都采用并联方式与电源连接，每个用电设备都由各自串联在其支路中的专用开关控制，互不产生干扰。

5.低压直流供电

汽车电气设备采用低压直流供电，柴油车大多采用24V直流供电，汽油车大都采用 12 V 直流电压供电。

二、汽车电气系统的基本组成

汽车全车线路(或全车电路)是根据汽车电气系统(包括电源系统、启动系统、点火系统、照明与信号系统、仪表与报警系统、电子控制装置和辅助电器等)的工作特性和各系统之间的相互联系，利用保险丝、开关和导线等器材连接构成的一个整体线路。图 1-1 所示为大众高尔夫全车电气元件分布。

图 1-1　大众高尔夫全车电气元件分布

三、汽车电气系统常用检测设备

目前,在汽车电气设备检修中常用的检测工具和仪表有跨接线、试灯、万用表(机械式和数字式)、点火正时灯、示波器、故障诊断仪、发动机故障分析仪等。

1.跨接线

跨接线的用途是并联蓄电池帮助发动机启动,如图 1-2 所示。接线时,应按顺序连接,即先接正极线,后接负极线,拆卸时,先拆负极线,后拆正极线,以免短路,造成人员、设备受损。

警告:切勿将跨接线直接跨接在蓄电池的两端或蓄电池正极和搭铁之间。

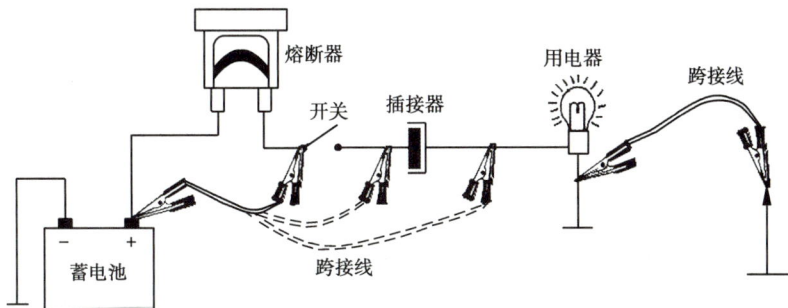

图 1-2　用跨接线检查断路故障

2.检测试灯

为了便于检查电路故障又不损坏电气设备,应有一支检查试灯。根据是否自带电源,试灯又可分为有源试灯和无源试灯。无源试灯只能测试电路是否带电,不能显示该电路点的电压值是多少。有源试灯同无源示灯类似,但自带一个电池电源,连接到一条导线的两端上时,试灯内灯泡点亮,可用于检测线路的通、断。

警告:不能用带普通灯泡的试灯检测计算机控制的电路;不能用有源试灯测试带电电路,否则会损坏试灯。

3.数字式万用表

(1)汽车数字万用表的测量项目

• 信号频率测试:测试项目选择开关置于频率(Fred)挡,黑线(自汽车万用表搭铁插孔引出)搭铁,红线(自汽车万用表公用插孔引出)接被测信号线,显示屏显示被测频率。

• 温度检测:测试项目选择开关置于温度(Temp)挡,按下功能按钮(℃/℉),黑线搭铁,探针线插头端插入汽车万用表温度测量插孔,探针端接触被测物体,显示屏显示被测温度。

• 点火线圈一次侧电路闭合角检测:测试项目选择开关置于闭合角(Dwell)挡,黑线搭铁,红线接点火线圈负接线柱,发动机运转,显示屏显示点火线圈一次侧电路闭合角。

• 频宽比测量:测试项目选择开关置于频宽比(Duty Cycle)挡,黑线搭铁,红线接电路信号,发动机运转,显示屏显示脉冲信号的频宽比。

• 转速测量:测试项目选择开关置于转速(r/min)挡,转速测量专用插头插入搭铁插孔与公用插孔中,感应式转速传感器(汽车万用表附件)夹在某一缸的点火高压线上,发动机运转,显示屏显示发动机转速。

• 启动机启动电流测量:测试项目选择开关置于"400 V"挡(1 mV相当于1 A的电流,即用测量电流传感器电压的方法来测量启动机启动电流),把霍尔电流传感器夹在蓄电池正极导线上,其引线插头插入电流测量插孔,按下最小/最大功能按钮,拆下点火高压线,用启动机转动曲轴2~3 s,显示屏显示启动电流。

• 氧传感器测试:拆下氧传感器线束连接器,测试项目选择开关置于"4 V"挡,按下DC功能按钮,使显示屏显示"DC",再按下最小/最大功能按钮,将黑线搭铁,红线与氧传感器相连;然后以高怠速(2 000 r/min)运转发动机,使氧传感器温度达到360 ℃以上。此时,如混合气浓,氧传感器输出电压为0.8 V;如混合气稀,氧传感器输出电压为0.1~0.2 V。当氧传感器温度低于360 ℃时(发动机处于开环工作状态),氧传感器无电压输出。

(2)数字式万用表的使用步骤

①打开万用表开关(开关机符号:POWER)。

②选择合适的测量挡位(A区域:电阻挡;B区域:电压挡;C区域:电流挡;D区域:蜂鸣挡)。

③将表的测试头插在适当的输入端。

黑表笔:通常插在公共端(COM);

红表笔:测量电压、电阻或二极管时,红表笔插在有"VΩ"标签的位置端;测量电流时,红表笔插在有"20 A"或"mA"标签的位置端。

④选用适当的量程。（常用挡位:电阻 R×200 Ω;直流电压 V×20 V;交流电压 V×700 V;电流 A×20 mA）

⑤根据选择的挡位正确读数。

4.解码仪

（1）主机介绍

解码仪的正面视图如图 1-3 所示。

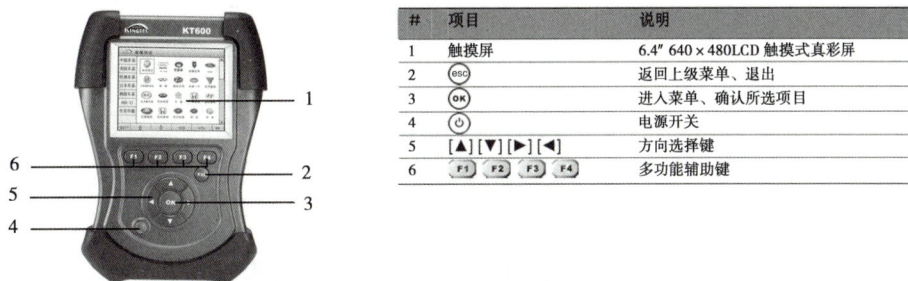

#	项目	说明
1	触摸屏	6.4″ 640×480LCD 触摸式真彩屏
2	esc	返回上级菜单、退出
3	OK	进入菜单、确认所选项目
4	⏻	电源开关
5	[▲][▼][▶][◀]	方向选择键
6	F1 F2 F3 F4	多功能辅助键

图 1-3　解码仪的正面视图

注意:F1-F4 为多功能辅助键,它们的功能非常强大,其具体功能视当前操作界面而定,并分别与操作界面下方的 4 个软按键相对应。

解码仪的背视图如图 1-4 所示。

#	项目	说明
1	打印盒	内装热敏打印机和 2 000 mAh 锂电池
2	打印机卡扣	按下打印机卡扣,滑出打印盒盖板,安装打印纸
3	手持处	凹陷设计更人性化,有利于手持使用
4	卡锁	锁住诊断盒（或示波盒）确保它们和仪器的连接
5	胶套	保护仪器,防止磨损
6	保护带	防止手持时仪器滑落
7	触摸笔槽	用于插装触摸笔

图 1-4　解码仪的背视图

解码仪的上接口视图如图 1-5 所示。

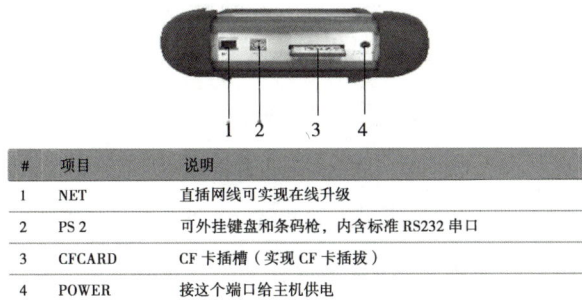

#	项目	说明
1	NET	直插网线可实现在线升级
2	PS 2	可外挂键盘和条码枪,内含标准 RS232 串口
3	CFCARD	CF 卡插槽（实现 CF 卡插拔）
4	POWER	接这个端口给主机供电

图 1-5　解码仪的上接口视图

解码仪的下接口视图如图 1-6 所示。

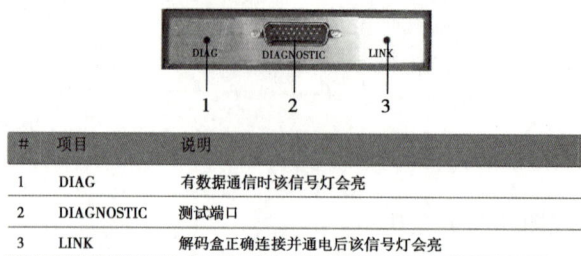

#	项目	说明
1	DIAG	有数据通信时该信号灯会亮
2	DIAGNOSTIC	测试端口
3	LINK	解码盒正确连接并通电后该信号灯会亮

图 1-6 解码仪的下接口视图

解码盒如图 1-7 所示。

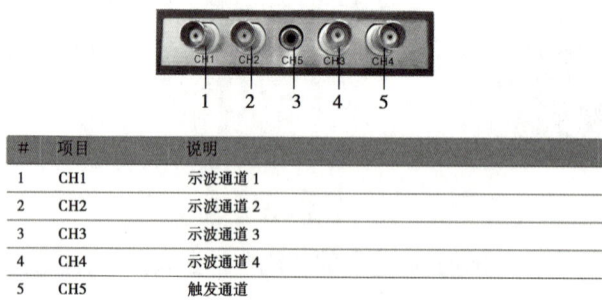

#	项目	说明
1	CH1	示波通道 1
2	CH2	示波通道 2
3	CH3	示波通道 3
4	CH4	示波通道 4
5	CH5	触发通道

图 1-7 解码盒

解码仪的标准配件见表 1-1。

表 1-1 标准配件

序 号	配件名称	备 注
1	KT600 主机	主机屏幕可提供操作显示及测试结果等信息
2	CF 卡	存储诊断程序及数据文件
3	CF 卡读卡器	在 CF 卡上读取和存储数据
4	测试延长线	连接测试接头和主机上的测试接口
5	电源延长线	连接汽车鳄鱼夹通过电瓶/点烟器给主机供电(起延长作用)
6	14V 电源	将 100~230 V 交流电源转换为 14 V 直流电源
7	汽车鲷鱼夹	从汽车电瓶获取电源
8	汽车点烟器	从汽车点烟器获取电源
9	触摸笔	使用手写笔进行点击操作 KT600 各界面按钮
10	测试接头	用于连接汽车诊断座与 KT600,进行汽车诊断
11	示波盒/解码盒	根据不同版本类型,不同用户需求配置
12	打印机	根据不同版本类型,不同用户需求配置

KT600标准部件每款机器都相同,但根据不同版本类型,不同用户的需求,KT600的配置(如诊断软件、测试接头等)都有所不同。

•打印机:在实际测车过程中往往需要及时记录测试结果,如汽车诊断中的车型菜单、读故障码、读数据流等信息。KT600随机配置了微型打印机(见背面视图),可以很方便地记录测试结果。

若汽车诊断座不供电时,具体连接请参考图1-8。

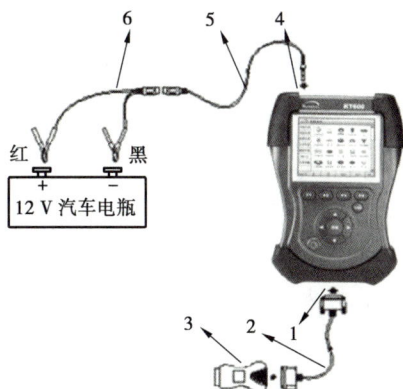

图1-8 连接示意图

1—KT600测试口;2—测试延长线;3—专用测试接头;

4—KT600电源接口;5—电源延长线;6—双钳电源线;

(2)读取故障码操作

①开启解码器电源,KT600主界面显示四大任务模块(汽车诊断、系统设置、示波分析、辅助功能)。

②选择汽车诊断进入车系选择界面。

③选择"车系—系统—发动机"。

④读取故障码并记录。

⑤清除故障码并关闭点火开关,重新启动发动机读取故障码,并且记录结果。

(3)读取动态数据流操作

①开启解码器电源,KT600主界面显示四大任务模块(汽车诊断、系统设置、示波分析、辅助功能)。

②选择"系统—发动机—读取动态数据流"。

(4)匹配节气门操作

①开启解码器电源,KT600主界面显示四大任务模块(汽车诊断、系统设置、示波分析、辅助功能)。

②选择"发动机—基本设定"。

③输入组号"98"。

④确定并用手触摸节气门了解动作情况,同时记录数据。

四、汽车电气系统常见故障

汽车电气系统故障多数是因为绝缘层老化或车辆振动造成电路断路、短路、搭铁和接触不良。

1.断路

断路就是电路导线断开,使电路不能构成闭合回路,电路中没有电流,因此用电器不能工作。造成断路的原因,通常是熔丝烧断、导线接线端子变形或导线插接器滑出,造成电路断开,或用电器具内部断开(如灯泡灯丝烧断)。

2.短路

短路就是电路电流全部或部分经旁通电路流回电源,因此导致用电器具不能工作,如图1-9所示。短路的原因通常是线圈与线圈、导线与导线之间绝缘层老化损坏,使其之间相互导通而发生短路。

(a)导线绝缘损坏短路 (b)线圈匝间短路

图1-9 短路

3.搭铁

搭铁是指电路中的电流通过裸露的导线直接经车架导体与电源(蓄电池)构成回路,如图1-10所示。搭铁电路的电阻值很小(接近0 Ω),因此搭铁时回路电流很大,可能会迅速烧断保险丝,或使导线绝缘材料受热冒烟。

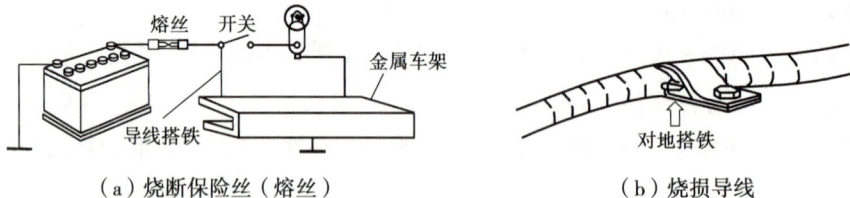

(a)烧断保险丝(熔丝) (b)烧损导线

图1-10 导线搭铁

4.接触不良

电路接触不良是指因导线连接不牢固而表现的虚接触(似接非接),是电路断路的一种表现,由于此现象在实际车辆故障中较多,所以特别单独介绍。当车辆行驶振动时,电路出现时通、时断,用电器具不能正常工作。电路接触不良通常是接线端子固定螺母、螺钉松动或腐蚀造成的。

【任务实施】

任务名称			
班　级		姓　名	
地　点		日　期	
成　员			

一、任务准备

1.设备准备

12 V 低压直流电源、点火开关、组合开关、汽车线束及插接器、汽车前照灯、汽车熔断器、汽车继电器等。

2.工量具准备

跨接线、试灯、万用表、解码仪等。

3.认识检测工具

	功　能
	A 区域（常用挡位）
	B 区域（常用挡位）
	C 区域（常用挡位）
	D 区域
	开关机符号
	锁定键符号
	测电阻、电压时,选择的插空位置 红表笔: 黑表笔:

二、过程记录

活动名称		任务要点记录	使用资源记录	本人角色
数字万用表的使用	1.用万用表电阻挡测量并检测元件			□安全员 □操作员 □记录员 □观察员
	2.用万用表电压挡带电测量并检测元件			□安全员 □操作员 □记录员 □观察员

续表

活动名称		任务要点记录	使用资源记录	本人角色
汽车解码仪的使用	1.用解码仪读取汽车故障码并清除			□安全员 □操作员 □记录员 □观察员
	2.用解码仪读取数据流			□安全员 □操作员 □记录员 □观察员
	3.用解码仪匹配节气门			□安全员 □操作员 □记录员 □观察员

【评价与考核】

序号	作业项目	考核内容	评分标准	配分	扣分
1	作业安全职业操守	能进行工位 7S 操作	□整理、整顿(0.5 分) □清理、清洁(0.5 分) □素养、节约(0.5 分) □安全(0.5 分)	2	
		能进行设备和工具安全检查	□检查作业所需要的工具设备是否完备(1 分) □检查作业环境是否配备灭火器(1 分) □检查设备用电情况是否正常(1 分)	3	
		能进行安全用电操作	□作业过程中做到远离油液(1 分) □正确连接实训供电设备(1 分) □正确操作用电设备(2 分)	4	
		能进行工具清洁校准存放操作	□使用工具前对工具量具进行校准(1 分) □使用工具后对工具量具进行清洁(1 分) □作业完成后对工具进行复位(1 分)	3	
2	汽车电气系统常识	汽车电气系统的基本特点	□能说出汽车电气系统五大特点(5 分) □能够识读简单电路图(5 分)	10	
		汽车电气系统的基本组成	□能说出汽车电气系统基本组成(5 分)	5	
		汽车电气系统常见故障	□能说出汽车电气系统常见故障(5 分)	5	
3	万用表的使用	会开关机,会使用锁定键,能够选择正确的挡位	□认识开关机符号和锁止符号(2 分) □使用方法正确(3 分)	5	
		能选用正确的电阻挡测量并检查简单元件的好坏	□准确选择挡位(2 分) □准确检查电器元件的好坏(5 分)	7	
		能选用正确的电压挡带电测量元件的好坏	□准确选择挡位(2 分) □准确检查电器元件的好坏(5 分)	7	
		数据记录	□准确记录数据(5 分)	5	

续表

序号	作业项目	考核内容	评分标准	配分	扣分
4	解码仪的使用	能够连接解码仪	□认识解码仪按键功能(3分) □正确连接 OBD 端口(3分)	6	
		会操作解码仪读取并清除故障码	□开机、正确打开功能界面(5分) □准确读取故障码(5分) □准确清除故障码(3分)	13	
		会读取数据流	□能正确打开功能界面(5分) □能准确读取数据流(5分)	10	
		会匹配节气门	□能正确打开功能界面(5分) □能准确读取数据流(5分)	10	
		数据记录	□正确记录数据(5分)	5	
合　计				100	

【实训报告单】

<table>
<tr><td colspan="6" align="center">实训报告单</td></tr>
<tr><td>科　目</td><td></td><td>班　级</td><td></td><td>学生姓名</td><td></td></tr>
<tr><td>实训项目</td><td colspan="5"></td></tr>
<tr><td>实训任务</td><td colspan="5"></td></tr>
<tr><td>实训器材</td><td colspan="5"></td></tr>
<tr><td>实训内容</td><td colspan="5"></td></tr>
<tr><td>体会或建议</td><td colspan="5"></td></tr>
<tr><td>实训结果</td><td colspan="5">自评_____　　　互评_____　　　师评_____</td></tr>
</table>

指导教师_____　　　　　　　　　　　　时间_____

【作业】

一、填空题

1.汽车上的两个电源为_____和_____,其中_____为主电源。

2.万用表的开关机符号为_____。

3.搭铁电路的电阻值接近_____Ω。

4.万用表测量蓄电池电压时,选用的挡位是_____。

5.本项目主要介绍的检测工具为_____和_____。

二、选择题

1.汽车电路的基本特点有( )。

  A.单线制   B.负极搭铁   C.两个电源

  D.用电设备并联   E.低压直流供电

2 汽车电气系统常见故障有( )。

  A.断路   B.短路   C.搭铁   D.接触不良

3.汽车电气系统常用检测工具有( )。

  A.跨接线   B.检测试灯   C.数字式万用表   D.解码仪

4.万用表常用测量挡位有( )。

  A.电阻挡   B.电压挡   C.电流挡   D.蜂鸣挡

5.解码仪可以( )。

  A.读取故障码   B.读取数据流   C.测量电流   D.匹配节气门

三、思维拓展

1.汽车电气系统的基本组成有哪些?

2.你用数字万用表检测了哪些电气元件?

序 号	元件名称	电阻值	工作电压
1			
2			
3			
4			
5			

项目二│汽车电气元件的认识和检测

【项目描述】

在汽车电气系统中,任何电气设备和电控装置必须要通过中间装置的连接才能正常工作。常见的连接装置有汽车线束、开关装置、保险装置、继电器、插接器等基础元件。这些基础元件的选用和装配直接影响到用电设备的运行状况,因此本项目主要讲解汽车电气系统常见元件的认识、常见元件的检测等,其中万用表的正确使用为本项目重点学习内容。

【项目内容】

任务名称	主要内容
任务一　汽车电气元件的认识	1.汽车保险装置的分类; 2.汽车继电器的作用; 3.汽车开关装置的分类; 4.汽车火花塞的作用; 5.汽车导线的认知
任务二　汽车电气元件的检测	1.熔断器的检测; 2.继电器的检测; 3.开关的检测; 4.火花塞的检测

【项目目标】

1.概括汽车电路基础元件的作用和组成;

2.描述汽车电路基础元件的结构和基本原理;

3.能正确检修汽车电路基础元件;

4.激发学生对电的现象与电路元件的好奇心理与兴趣,学会不要带电拔插传感器和电控单元的插接器。

【知识储备】

一、汽车电气元件

1.保险装置

(1) 易熔线

易熔线是一种大容量的熔断器,用于保护电源电路和大电流电路,如图 2-1 所示。易熔线的长度一般为 50~200 mm,通过插接器接入电路,一般位于蓄电池和启动机或电气中心之间。易熔线在电路图中的符号如图 2-2 所示。

图 2-1　易熔线实物　　　　图 2-2　易熔线符号　　　　图 2-3　熔断器符号

(2) 熔断器(保险)

熔断器又称为保险,常用于保护局部电路,其主要元件是熔丝,以锌、锡、铅、铜等合金为主要材料。熔断器是最常用的汽车线路保护方法。熔断器的符号如图 2-3 所示,常用外形如图 2-4 所示。

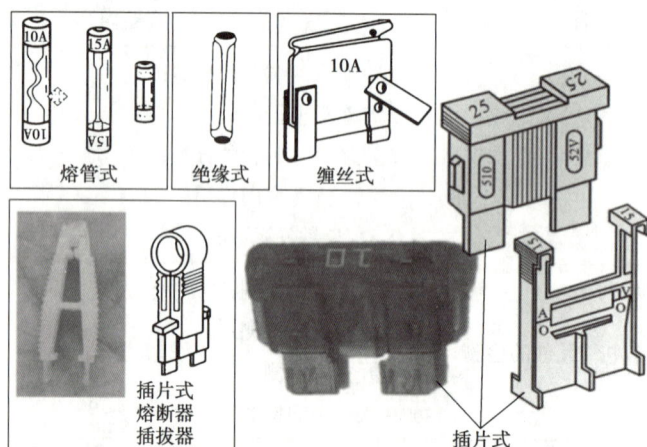

熔管式　　　绝缘式　　　缠丝式

插片式熔断器插拔器

插片式

图 2-4　汽车常用保险片

(3) 断路器

断路器在电路中用于防止有害的过载(额外的电流),是机械装置,它利用两种不同金属(双金属)的热效应断开电路,如图 2-5 所示。

2.继电器

继电器的作用是用小电流控制大电流,减小控制开关的电流负荷,保护电路中的控制开关。继电器在汽车电路中的应用非常广泛,其外形实物如图 2-6 所示,继电器的符号如图 2-7 所示。

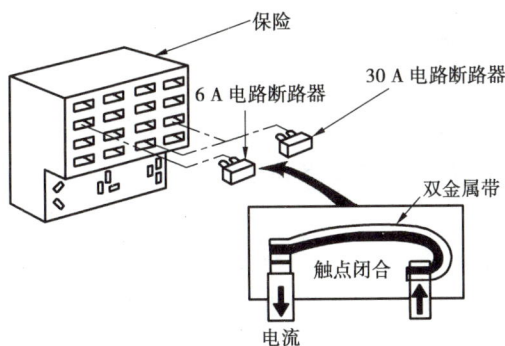

图 2-5　断路器

图 2-6　继电器实物图

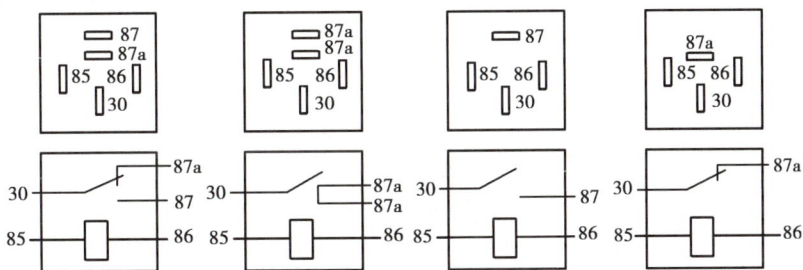

图 2-7　继电器的符号及插脚编号

继电器的每个插脚都有标号,一般继电器接线端子的标记与含义见表 2-1,与中央接线盒正面板的继电器插座的插孔标号相对应。

表 2-1　继电器接线端子的标记与含义

接线端子标记		接线端子含义
基本标记	下　标	
30	—	继电器上的电源输入接线端子
85	—	继电器的线圈始端接入端子
86	—	继电器的线圈末端接入端子
87	—	常开触点的输出接线端子
—	87a	常闭触点的输出接线端子

3.开关装置

（1）点火开关

在所有的开关中,点火开关最为重要,它控制着充电系统、点火系统、启动系统以及绝大多数的辅助电器设备,如图2-8所示。

（2）组合开关

多功能组合开关将照明(前照灯、变光)开关、信号(转向、危险警告、超车)开关、刮水器/清洗器开关等组合为一体,安装在便于驾驶员操纵的转向柱上,如图2-9所示。

图 2-8　点火开关实物图

图 2-9　组合开关实物

4.火花塞

火花塞的作用是将点火线圈产生的高压电引入发动机的燃烧室内,通过本身的间隙产生火花放电,点燃混合气。火花塞如图2-10所示。

图 2-10　火花塞实物

5.导线

（1）低压导线

• 正确选择导线截面积:导线的截面积主要根据用电设备的负载电流大小进行选择,但有些电器工作电流很小,为保证一定的机械强度,一般低压导线截面积不小于0.5 mm²。

• 导线的颜色:为便于安装和检修,汽车采用双色导线,主色为基础色,辅色为环布导线的条色带或螺旋色带,如图2-11所示。

（2）高压导线

高压导线是用来传送高压电的,其作用是将点火线圈的高压电引到火花塞,由于工作电压很高(15~30 kV),电流强度较小,因此高压线的绝缘材料很厚,耐压性能好,但线芯面积很小。

R-B
红　黑

L-W
蓝　白

W-R
白　红

R
红

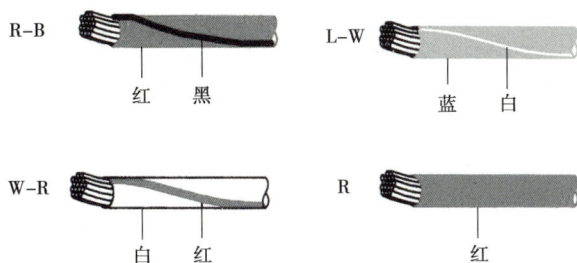

图 2-11　低压导线的颜色及表示方法

二、汽车电气元件的检修

1.熔断器的检修方法

熔断器本身可用目视或万用表的电阻挡进行检查,测量其是否导通。如果熔断器被烧毁,用万用表测试时,其电阻为无穷大,如图 2-12 所示。测量时可用万用表或试灯测量熔断器的电源端是否有电源的电压,测量电气端是否直接搭铁。

2.继电器及相关电路的检查方法

继电器一般由一个控制线圈和一对或两对触点组成,触点有常开和闭触点之分,检查方法如图 2-13 所示。用万用表的电阻挡测量继电器的线圈,检查其电阻是否符合要求,常闭触点测量电阻应为 0 Ω,常开触点测量电阻应为无穷大。

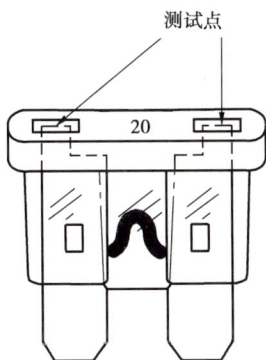

测试点

20

不导通

导通

图 2-12　熔断器的测试　　　　　图 2-13　继电器的检查

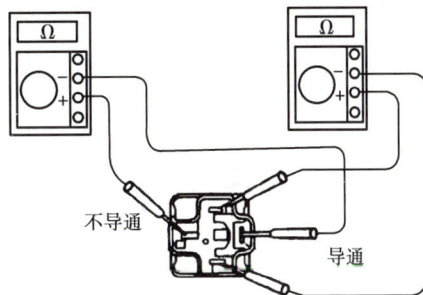

3.灯泡的检查

灯泡是电气元件中比较容易损坏的部件,检查时一般可用万用表检查灯丝的通断,如果测量到灯丝的电阻为无穷大,则为灯泡损坏,灯泡的检查如图 2-14 所示。

4.火花塞的检修

检查火花塞的中央电极、搭铁电极、螺纹、垫片及瓷体等,并将积炭清除,如图 2-15 所示。检查火花塞间隙应为 1.0~1.1 mm,使用间隙量规的方式如图 2-16 所示。

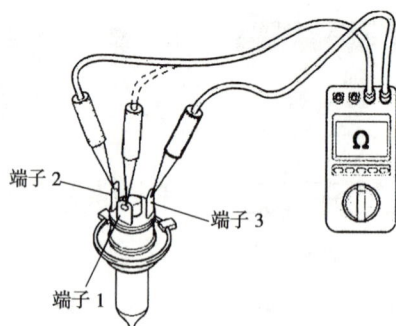

端子 2
端子 3
端子 1

图 2-14　灯泡的检查

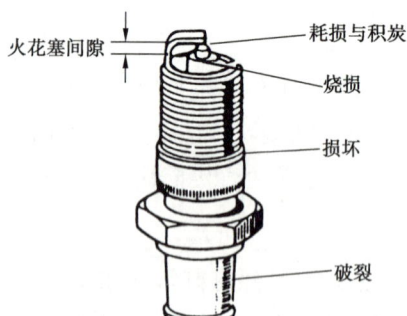

火花塞间隙
耗损与积炭
烧损
损坏
破裂

图 2-15　火花塞的检查

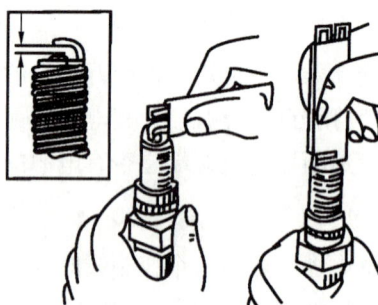

图 2-16　火花塞间隙检查

5.导线

汽车导线的修复包括导线压接、低温焊接、导线铰接,铰接方式如图 2-17 所示。

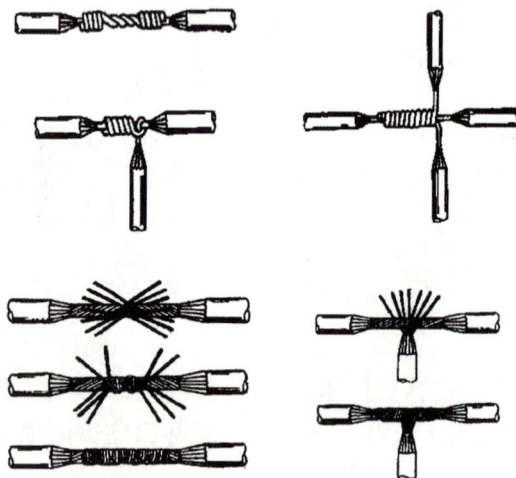

图 2-17　导线的铰接

【任务实施】

任务名称			
班　级		姓　名	
地　点		日　期	
成　员			

一、任务准备

1.设备准备

整车、蓄电池、工作台等。

2.工量具准备

汽车电工工具套装、干净的抹布、汽车万用表、LED 试灯、跨接线、导线夹、汽车电路基础元件（导线、熔断器、继电器、开关、插接器、灯泡或火花塞）、汽车维修手册、汽车电路手册等。

二、过程记录

活动名称		任务要点记录	使用资源记录	本人角色
元件的检修	1.熔断器及导线的检查			□安全员 □操作员 □记录员 □观察员
	2.继电器的检查			□安全员 □操作员 □记录员 □观察员
	3.开关的检查			□安全员 □操作员 □记录员 □观察员
	4.火花塞的检测			□安全员 □操作员 □记录员 □观察员

【评价与考核】

序号	作业项目	考核内容	评分标准	配分	扣分
1	作业安全职业操守	能进行工位 7S 操作	□整理、整顿(0.5 分) □清理、清洁(0.5 分) □素养、节约(0.5 分) □安全(0.5 分)	2	
		能进行设备和工具安全检查	□检查作业所需要的工具设备是否完备(1 分) □检查作业环境是否配备灭火器(1 分) □检查设备用电情况是否正常(1 分)	3	
		能进行安全用电操作	□作业过程中做到远离油液(2 分) □正确连接实训供电设备(1 分) □正确操作用电设备(2 分)	5	
		能进行工具清洁校准存放操作	□使用工具前对工具、量具进行校准(2 分) □使用工具后对工具、量具进行清洁(2 分) □作业完成后对工具进行复位(1 分)	5	
2	汽车常见元件认知	保险装置的识读	□能够认识易熔线(5 分) □能够认识熔断器(5 分) □能够认识断电器(5 分)	15	
		继电器的认知	□能说出继电器的引脚(10 分)	10	
		开关的认知	□能够认识开关的种类(5 分)	5	
		火花塞的结构	□正确认识火花塞的组成(3 分)	3	
		导线的颜色识读	□准确说出导线颜色的含义(2 分)	2	
		数据记录	□准确记录数据(5 分)	5	
3	元件的检修	熔断器及导线的检查	□能判断熔断器外观(5 分) □能判断导线的颜色及外观(5 分) □能用万用表检查熔断器的通断(5 分)	15	
		继电器的检查	□能准确检查继电器的外观(5 分) □能用万用表检查继电器线圈(5 分)	10	
		开关的检查	□能准确判断开关的类型(5 分)	5	
		火花塞的检查	□能判断火花塞的外观(5 分) □能检测火花塞的间隙(5 分)	10	
		数据记录	□正确记录数据(5 分)	5	
合　计				100	

【实训报告单】

实训报告单					
科　目		班　级		学生姓名	
实训项目					
实训任务					
实训器材					
实训内容					
体会或建议					
实训结果	自评_____　　　　互评_____　　　　师评_____				

指导教师_____　　　　　　　　　　　　时间_____

【作业】

一、填空题

1. 汽车电气系统的连接导线有_____和_____两种。

2. 汽车电气系统中所用的导线截面积规定不得小于_____。

3. 国产高压线分为_____和_____两种。

4. 保险装置可分为_____、_____、断电器。

5. 火花塞其两电极间的间隙应为_____mm。

二、选择题

1. 发动机功率大,压缩比大,转速高时应选用(   )。

   A.热型火花塞   B.中型火花塞   C.冷型火花塞   D.其他火花塞

2. 下列不属于组合开关的功能的是(   )。

   A.照明开关   B.信号开关   C.刮水器开关   D.点火开关

3. 下列不属于点火开关的控制内容的是(   )。

   A.充电系统   B.点火系统   C.启动系统   D.组合开关

4. 下列不属于保险装置的是(   )。

   A.继电器   B.易熔线   C.熔断器   D.断电器

5. 继电器一般由一个(   )和一对或两对触点组成。

   A.控制线圈   B.保持线圈   C.吸引线圈   D.导线

三、思维拓展

火花塞的热特性是什么?

项目三｜发电机与蓄电池检测与更换

【项目描述】

在汽车电气系统中有两个电源,分别为蓄电池及交流发电机,这两个电源为汽车所有的用电设备提供低压直流电能,以保证汽车在行驶中和停车时的用电。因此电源系统的正常工作是整个车辆工作的前提,这个项目包含了蓄电池的检测与更换、交流发电机的检测两个任务,其中蓄电池、发电机的检测为本项目重点学习内容。

【项目内容】

任务名称	主要内容
任务一　蓄电池的检测与维护	1.蓄电池作用、类型; 2.蓄电池的结构; 3.电池检测的要求和技术标准
任务二　交流发电机的检测	1.交流发电机的基本结构; 2.交流发电机主要部件功能; 3.万用表对发电机元器件的检测

【项目目标】

1.掌握蓄电池作用和类型,理解蓄电池的结构和型号含义。

2.能够正确进行蓄电池技术状况的检测和更换操作。

3.能正确描述发电机的基本结构及主要部件功能,会拆装交流发电机并能用万用表对其元件进行检测。

4.注意防止蓄电池中电解液溅出伤人或腐蚀零件,电解液不能倒入下水道,废旧蓄电池不能当生活垃圾处理,要有环保意识。

5.培养学生严谨认真的科学态度和实事求是的学习风气。

【知识储备】

一、车用蓄电池的作用、类型、结构

1.蓄电池的作用

蓄电池的作用主要有启动发动机、备用供电、存储电能、协同供电、稳定电压、保护电子设备等。

2.蓄电池的类型

目前除电动汽车外，一般汽车常用的蓄电池有铅酸蓄电池和镍碱蓄电池两大类。汽车启动时用得最广泛的蓄电池为干式荷电蓄电池和免维护蓄电池，这两种常用蓄电池的外形如图 3-1 所示。

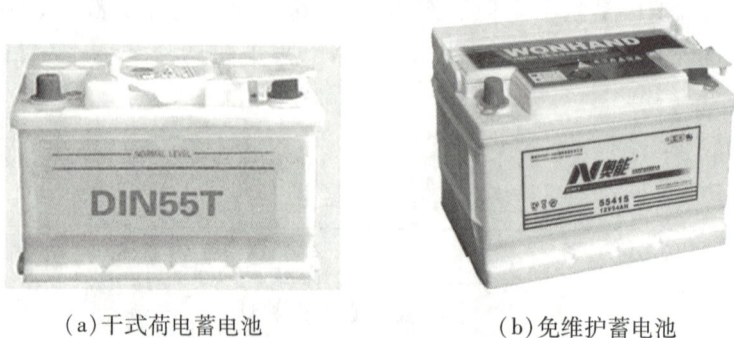

（a）干式荷电蓄电池 　　　　　　（b）免维护蓄电池

图 3-1　蓄电池的外形

3.蓄电池的结构

目前车用蓄电池主要是干式荷电蓄电池和免维护蓄电池两类，其主要结构基本相同，由正负极板、隔板、电解液、壳体和正负极柱、穿壁连接条等几大部分组成。

（1）极板和极板组

极板是蓄电池的核心部分，极板分为正极板和负极板，均由栅架和活性物质组成。

（2）隔板

隔板的功用是将正负极板隔开，防止相邻两块极板短路。

（3）电解液

电解液与极板上的活性物质发生化学反应，产生电能。

（4）壳体

蓄电池壳体由电池盖和电池槽组成，是盛装电解液和极板组的容器。它要求耐酸、耐热、耐振动冲击，材料有硬橡胶和聚丙烯塑料两种。

（5）蓄电池技术状态指示器（俗称电眼）

轿车大多使用免维护蓄电池，不能用密度计测量电解液的相对密度，因此在其盖上设有电眼，以便观察蓄电池的技术状况，如图 3-2 所示。

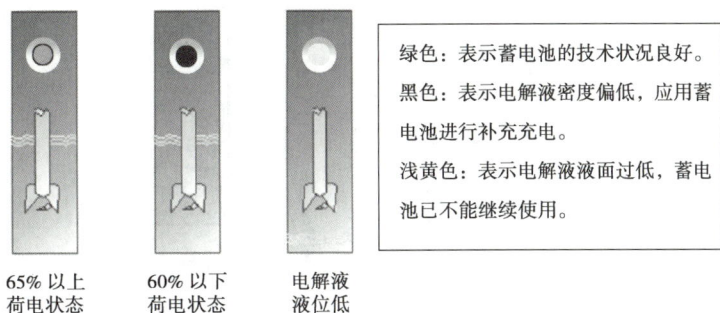

	绿色：表示蓄电池的技术状况良好。
	黑色：表示电解液密度偏低，应用蓄电池进行补充充电。
	浅黄色：表示电解液液面过低，蓄电池已不能继续使用。

65%以上　　60%以下　　电解液
荷电状态　　荷电状态　　液位低

图 3-2　蓄电池技术状态指示器

4.蓄电池的技术状况检测

（1）外部检查

①检查蓄电池封胶有无开裂和损坏,极柱有无破损,壳体有无泄露,否则应修理或更换。

②疏通加液孔盖的通气孔。

（2）检测蓄电池电解液液面高度

①用玻璃管测量法检测蓄电池电解液液面高度,如图 3-3 所示。本法适用于不透明壳体的蓄电池,液面高度标准值为 10~15 mm。

②用观察液面高度指示线法检测蓄电池电解液液面高度,如图 3-4 所示。本法适用于透明壳体的蓄电池,正常液面高度应介于两根刻线之间。

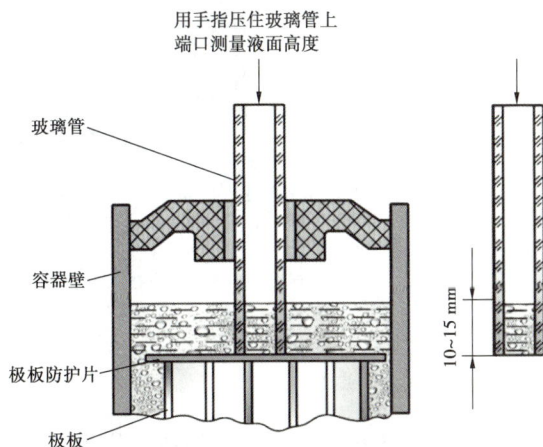

图 3-3　不透明壳体电解液高度检查法

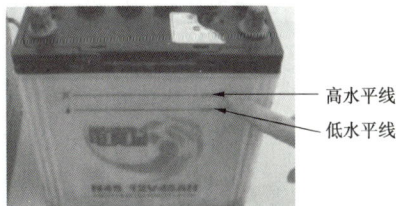

图 3-4　透明壳体电解液检查法

（3）检测蓄电池电压

• 测量蓄电池开路电压

测量蓄电池开路电压时,蓄电池应处于稳定状态,蓄电池充、放电或加注蒸馏水后,应静置半小时后再测量。蓄电池开路电压可用万用表的电压挡测量,将万用表的正、负表笔分别与蓄电池的正、负极相接即可(图 3-5)。

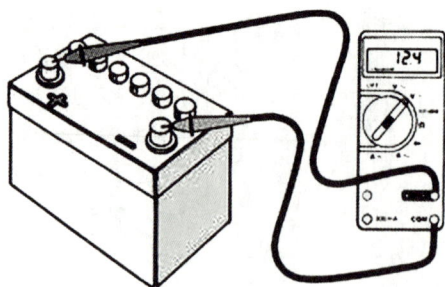

图 3-5　用万用表测蓄电池开路电压

● 负荷试验检测

负荷试验前必须满足的条件:被测蓄电池至少存电 75% 以上,若电解液密度低于 1.22 g/cm³,用万用表测得静止电动势不到 12.4 V,应先充足电,再测试。

① 使用高率放电计检测:高率放电计是检测蓄电池容量的仪表。3 V 高率放电计由一个电压表和一个电阻组成,如图 3-6(a)所示,适用于单格外露式蓄电池的测量,测量时将两端紧压在单格电池的正、负极上;12 V 高率放电计的结构如图 3-6(b)所示,适用于干荷电蓄电池或免维护蓄电池,使用方法与 3 V 高率放电计相似,也是将高率放电计的正、负放电电针分别压在蓄电池的正、负极柱上。

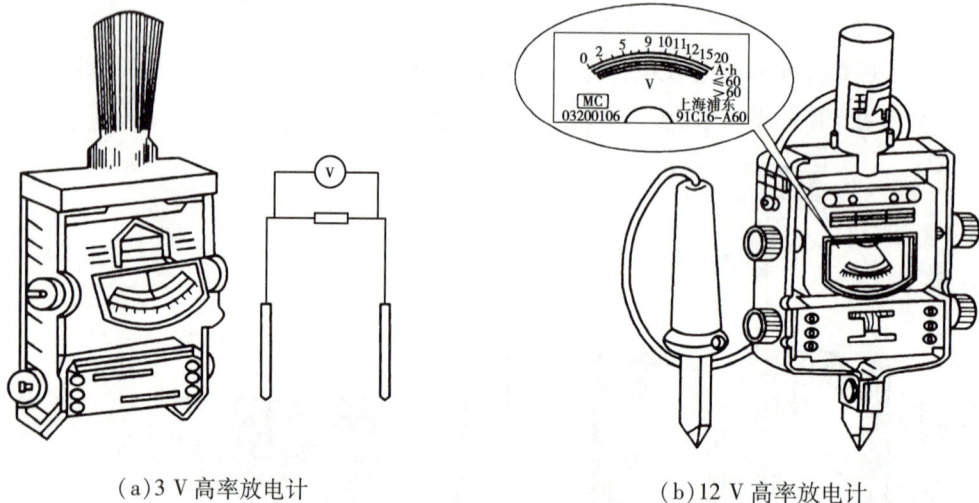

(a)3 V 高率放电计　　　　　　　　　(b)12 V 高率放电计

图 3-6　测量蓄电池负荷电压的高率放电计

② 随车启动测试:在启动系统正常的情况下,以启动机作为试验负荷。拔下分电器中央高压线并搭铁,将万用表置于直流电压 20 V 挡,红、黑表笔分别接在蓄电池正、负极柱上,接通启动机 15 s,读取电压表读数,对于 12 V 蓄电池,应不低于 9.6 V。若电压迅速下降,说明蓄电池已经损坏.

(4)检测蓄电池电解液密度

用吸式密度计测量电解液密度,其测量过程如图 3-7 所示。测得的密度值换算为标准温度(+25 ℃)的相对密度值,同时测量电解液温度。通过对各个单格电池电解液密度的测量,可以确定蓄电池是否失效。如果单格电池之间的密度相差 0.05 g/cm^3,则该电池失效。

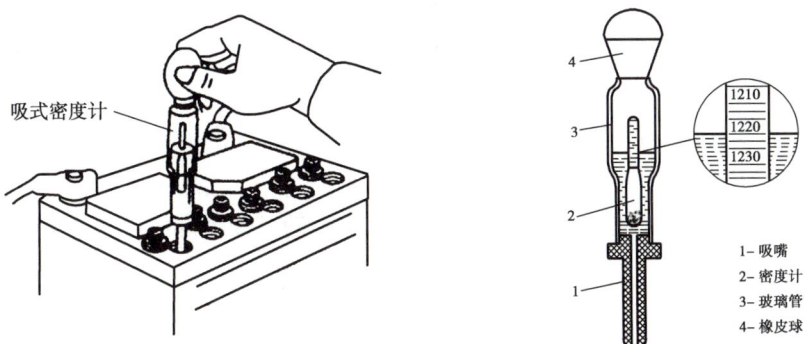

1—吸嘴
2—密度计
3—玻璃管
4—橡皮球

图 3-7　测量电解液密度

5.蓄电池的拆装

拆装、移动蓄电池时,应轻搬轻放,严禁在地上拖拽;蓄电池型号和车型应相符,蓄电池的额定电压、电解液密度和高度应符合规定。安装时,蓄电池固定在托架上,塞好防振垫;极桩涂上凡士林或润滑油,防腐防锈。极柱卡子与极柱接触要良好;蓄电池搭铁极性必须与发电机一致;接线时先接正极后接负极,拆线时相反,以防金属工具搭铁,造成蓄电池短路。

二、交流发电机

1.发电机的作用及构造

(1)发电机的作用

发电机正常运转时,向除启动机以外的所有用电设备供电,同时向蓄电池充电。

(2)发电机的构造

三相同步交流发电机由转子、定子、电刷与电刷架、风扇、皮带轮、前后端盖等组成,如图 3-8 所示。

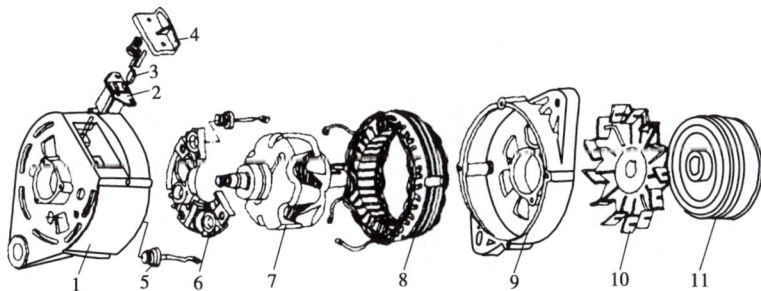

图 3-8　JF132 型交流发电机分解图

1—后端盖;2—电刷架;3—电刷;4—电刷弹簧压盖;5—硅二极管;
6—元件板;7—转子;8—定子;9—前端盖;10—风扇;11—皮带轮

● 转子主要由两块爪极、励磁绕组、滑环、转子轴等组成。

● 定子由定子铁芯和定子绕组(线圈)组成。

● 电刷组件由电刷、电刷架和电刷弹簧组成。

● 整流器的功用是将定子绕组的三相交流电变为直流电,一般由散热板和 6 只整流二极管组成。

● 前、后端盖都是由非导磁材料铝合金制成的,具有漏磁少,轻便、散热性好等优点。

● 前、后端盖上分别装有进风口和出风口,当发动机带动发电机高速旋转时,可使流动的空气对发电机内部进行冷却。

2.交流发电机的检修

(1)交流发电机的就车检查

①检查皮带外观。目测皮带是否有开裂纹或严重磨损,如图 3-9(a)所示,若有应更换皮带。检查发电机 V 形带与带轮的配合情况,如图 3-9(b)所示为正确,如果安装后如图 3-9(c)所示情况,表明 V 带已严重磨损,应更换新的皮带。

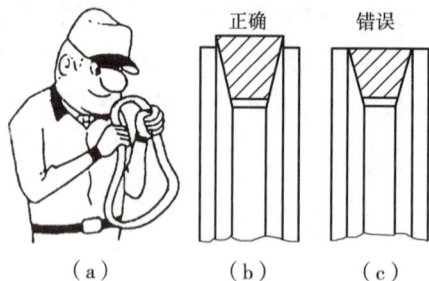

图 3-9　检查发电机 V 形带外观

②经常检查并调整发电机 V 形带的张紧程度(挠度)。检查 V 形带张紧度的方法如图 3-10 所示,用拇指以 100 N 力度将 V 形带压紧,使其符合规定值,一般新带 5~7 mm、旧带 10~14 mm 为合适,具体指标应以各车型的维修手册规定为准,如不符合规定应进行调整,调整方法如图 3-11 所示。

图 3-10　检查驱动带的挠度

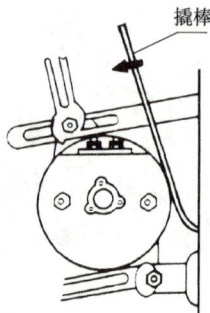

图 3-11　发电机 V 形带的挠度调整

③检查导线的连接。

a.检查各导线端的连接是否正确。

b.检查发电机输出端子"B"是否加弹簧垫圈并锁紧。

c.采用插接器连接的发电机,其插座与插头的连接必须锁紧,不得有松动现象。

④检查运转时有无噪声。

检查时逐渐加大节气门开度,提高发电机转速,同时监听有无异常噪声,若有应拆下发电机并解体维修。

⑤检查发电机是否正常发电。

先用万用表测量蓄电池的静态端电压,并记录;再测量发动机怠速时的电压,此电压若高于蓄电池的静态端电压,表明发电机能发电,若低于或等于蓄电池静态电压,表明发电机未发电。

(2)发电机的拆卸和安装

从车上拆下发电机步骤:断开蓄电池负极→断开发电机电缆和连接器→拆下传动皮带→旋下紧固螺母,发电机即可拆下。安装发电机时可按与拆卸相反的顺序进行。

(3)发电机主要部件检修

①检查定子。

a.检测定子绕组是否断路或短路。如图3-12(a)所示,用数字万用表检查三相绕组引线两两之间是否导通,正常电阻值应小于1 Ω且相等。若用万用表检查发现不导通(电阻无穷大),说明断路;过小(接近0)则说明短路,均应更换定子。

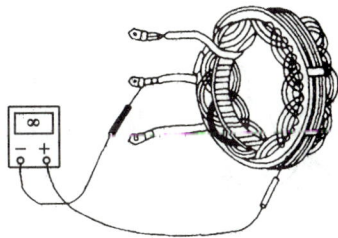

b.检测定子绕组是否搭铁。检查定子绕组与铁芯的绝缘情况,如图3-12(b)所示,用数字万用表电阻最大挡测量,若电阻≥100 kΩ,则说明有搭铁故障,应更换定子。

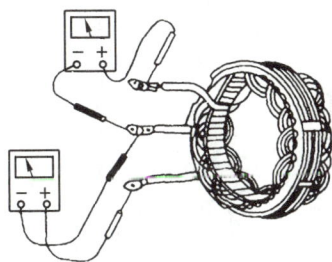

（a）检测定子绕组断路故障　　　　　　　（b）检测定子绕组搭铁故障

图3-12　定子绕组的检测

②检查转子。

a.检查转子绕组是否断路及短路。如图3-13(a)所示,用万用表R×1 Ω挡检查两集电环之间的电阻,其数值应为规定值范围内。如大于此值,表明有断路故障;如小于此值,说明有短路故障。

b.检查转子绕组是否搭铁。如图3-13(b)所示,用万用表检查集电环与转子之间的电阻,其数值应为∞,否则有搭铁故障。

　　c.转子轴与集电环的检修。转子轴的径向圆跳动可用百分表检测,如图 3-14 所示,其径向圆跳动不得超过 0.1 mm(弯曲度不超过 0.05 mm),否则应予以校正。

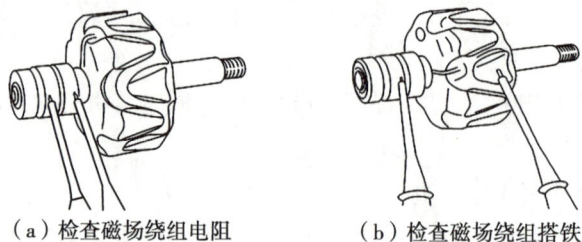

（a）检查磁场绕组电阻　　　　　　　（b）检查磁场绕组搭铁

图 3-13　检测磁场绕组断路短路故障

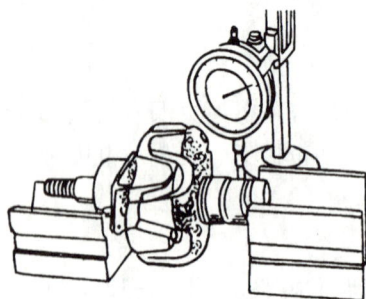

图 3-14　检测转子轴的径向圆跳动

③检查二极管。

　　a.检测普通整流器。如图 3-15 所示,将二极管的引线与其他连接分离,用指针万用表的两个表笔分别接到二极管的引线与壳体上,测量二极管的正向与反向电阻。二极管的正向电阻应符合标准值,反向电阻应在 10 kΩ 以上。正、反向电阻值差异越大,质量越好。若正、反向电阻均为 0,说明短路;若均为无穷大,则说明断路。

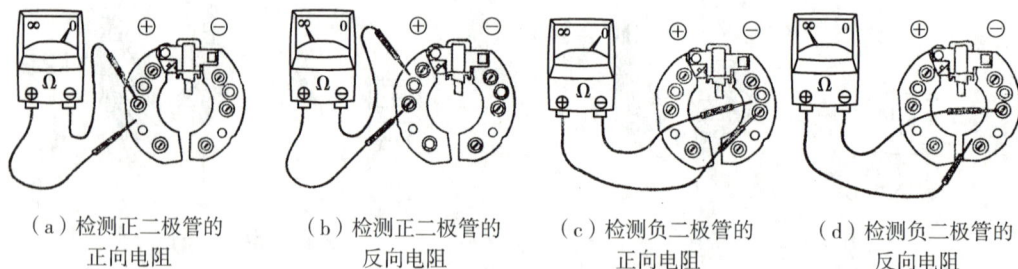

（a）检测正二极管的　　（b）检测正二极管的　　（c）检测负二极管的　　（d）检测负二极管的
　　正向电阻　　　　　　　反向电阻　　　　　　　正向电阻　　　　　　　反向电阻

图 3-15　整流二极管的检测

　　b.检测整体结构的整流器。整体结构整流器的整流板,正、负硅二极管全部焊装在一起,不可分解。检测正极管时,将指针万用表的红表笔接 B,黑表笔依次接 P1、P2、P3、P4,均应导通;交换两表笔后再测,均应为无穷大,否则表明有正二极管损坏,需更换整流器总成。

　　检测负极管时将指针万用表的黑表笔接 E,红表笔依次接 P1、P2、P3、P4,均应导通;交换两表笔后再测,均应为无穷大,否则表明有负二极管损坏,需更换整流器总成。

④检查电刷及电刷架。

a.检查电刷高度。新电刷的长度就在规定值范围内,磨损后允许长度为原长度的三分之二,超过极限值时应予更换,如图3-16所示。

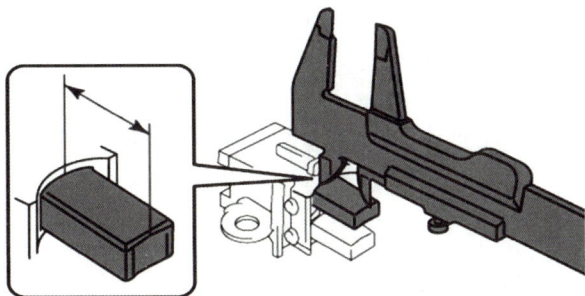

图3-16　电刷长度的测量

b.检测电刷弹簧压力。电刷弹簧压力的检测方法如图3-17所示,当电刷从电刷架中露出长度为2 mm时,天平秤上指示的读数即为电刷弹簧压力,其值应为2~3 N;弹簧弹力过小时,应更换新电刷。

c.更换电刷。更换电刷应先将电刷弹簧和新电刷装入电刷架内,然后用钳子夹住电刷引线,使电刷露出高度符合规定数值(13 mm),再用电烙铁将电刷引线与电刷架焊牢即可,如图3-18所示。

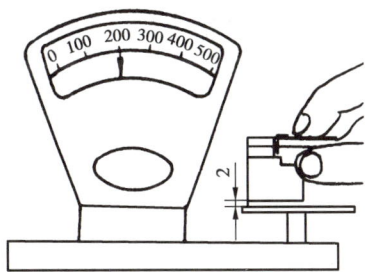

图3-17　检测电刷弹簧弹力

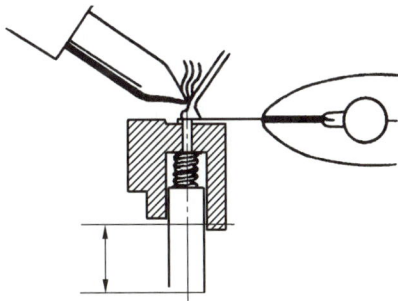

图3-18　焊接式电刷的更换方法

【任务实施】

任务名称			
班 级		姓 名	
地 点		日 期	
成 员			

一、任务准备

1.设备准备

整车、蓄电池、交流发电机、工作台等。

2.工量具准备

汽车电工工具套装、干净的抹布、力矩可调式扭力扳手(5~50 N·m)、汽车数字万用表、电解液密度计、钢丝刷、玻璃棒吸管、盛水容器、导线、试灯、导线夹、汽车维修手册、汽车电路图等。

二、过程记录

活动名称		任务要点记录	使用资源记录	本人角色
蓄电池的检测	1.蓄电池的拆卸			□安全员 □操作员 □记录员 □观察员
	2.蓄电池的检测			□安全员 □操作员 □记录员 □观察员
交流发电机的检测	1.交流发电机的就车检查			□安全员 □操作员 □记录员 □观察员
	2.交流发电部件的检测			□安全员 □操作员 □记录员 □观察员

【评价与考核】

序号	作业项目	考核内容	评分标准	配分	扣分
1	作业安全职业操守	能进行工位7S操作	□整理、整顿(0.5分) □清理、清洁(0.5分) □素养、节约(0.5分) □安全(0.5分)	2	
		能进行设备和工具安全检查	□检查作业所需要的工具设备是否完备(1分) □检查作业环境是否配备灭火器(1分) □检查设备用电情况是否正常(1分)	3	
		能进行安全用电操作	□作业过程中做到远离油液(1分) □正确连接实训供电设备(2分) □正确操作用电设备(2分)	5	
		能进行工具清洁校准存放操作	□使用工具前对工具、量具进行校准(2分) □使用工具后对工具、量具进行清洁(2分) □作业完成后对工具进行复位(1分)	5	
2	汽车电源系统常识	汽车蓄电池的基本认识	□能说出汽车蓄电池的作用(5分)	5	
		汽车电气系统的基本组成	□能说出汽车蓄电池的基本组成(5分)	5	
		汽车交流发电机的组成	□能说出汽车交流发电机的组成(5分)	5	
3	蓄电池的检测	蓄电池拆卸	□从车上拆卸蓄电池(5分)	5	
		蓄电池检测	□外观检测(4分) □开路电压检测(4分) □电解液液位检测(4分) □电解液密度检测(4分) □蓄电池启动测试(4分)	20	
		数据记录	□准确记录数据(5分)	5	
4	交流发电机的检测	交流发电机的就车检查	□检查驱动皮带(5分) □检查导线的连接(5分) □检查发电机噪声(5分)	15	
		发电机部件检测	□检查发电机定子(5分) □检查转子(5分) □滑环的检查(5分) □电刷组件的检修(5分)	20	
		数据记录	□正确记录数据(5分)	5	
合　计				100	

【实训报告单】

<table>
<tr><td colspan="6" style="text-align:center">实训报告单</td></tr>
<tr><td>科　目</td><td></td><td>班　级</td><td></td><td>学生姓名</td><td></td></tr>
<tr><td>实训项目</td><td colspan="5"></td></tr>
<tr><td>实训任务</td><td colspan="5"></td></tr>
<tr><td>实训器材</td><td colspan="5"></td></tr>
<tr><td>实训内容</td><td colspan="5"></td></tr>
<tr><td>体会或建议</td><td colspan="5"></td></tr>
<tr><td>实训结果</td><td colspan="5">自评_____　　互评_____　　师评_____</td></tr>
</table>

指导教师_____　　　　　　　　　　时间_____

【作业】

一、填空题

1.单格电池的电压是_____。

2.正负极板是由_____和_____组成。

3.电解液是由_____和_____配制而成。

4.发电机定子总成的作用是产生_____。

5.发电机转子总成的作用是产生_____。

二、选择题

1.电池是将化学能转换成( )的一种装置。

    A.电能   B.化学能   C.机械能   D.热能

2.下列不属于蓄电池作用的是( )。

    A.启动发动机   B.备用供电   C.存储电能   D.单独供电

3.铅蓄电池放电时,端电压逐渐( )。

    A.上升   B.平衡状态   C.下降   D.不变

4.下列不属于三相同步交流发电机组成的是( )。

    A.转子   B.定子   C.风扇   D.电解液

5.下列不属于转子组成的是( )。

    A.爪极   B.励磁绕组   C.隔板   D.滑环

三、思维拓展

铅蓄电池主要由哪些部件组成?

项目四 | 启动机的检查与保养

【项目描述】

汽车发动机必须依靠外力带动曲轴旋转后,才能进入正常的工作,这样的外力依靠启动系统提供,所以启动系统在汽车上有着非常重要的作用。启动系统的性能与它的使用和维护密切相关,为了提高其工作可靠性,延长启动机的使用寿命,必须严格遵守操作规程,做到正确使用、合理维护。本项目主要讲解汽车启动系统的组成、汽车启动机的维护等内容,其中启动机的组成及检查维护为本项目重点学习内容。

【项目内容】

任务名称	主要内容
任务一　汽车启动系统的认知	1.汽车启动系统的组成; 2.汽车启动机的组成; 3.汽车启动机的具体构造
任务二　启动系统的维护	1.启动机的拆卸; 2.启动机的安装; 3.启动机主要零件的检修

【项目目标】

1.理解汽车启动系统的作用,能说出汽车启动系统组成部分。

2.掌握启动机的组成,理解启动机各部分的作用。

3.能对启动机进行拆装和零件测量。

4.避免启动机的机械伤害。

5.培养学生良好的作业习惯。

【知识储备】

一、汽车启动系统

1.启动系统的组成及作用

（1）启动系统的组成

启动系统由蓄电池、启动机、启动控制电路（启动继电器和启动开关）等组成，如图4-1所示。

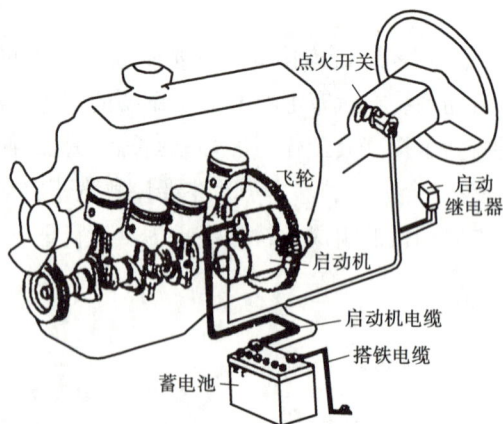

点火开关

飞轮

启动继电器

启动机

启动机电缆

搭铁电缆

蓄电池

图4-1　启动系统的组成

（2）启动系统的作用

启动系统的作用是供给发动机曲轴启动转矩，使发动机曲轴达到必需的启动转速，以便使发动机进入自行运转状态。当发动机进入自行运转状态后，便结束任务立即停止工作。

2.启动机的基本组成及各部分作用

（1）启动机的基本组成

启动机一般由直流电动机、电磁开关和传动机构三部分组成，如图4-2所示。

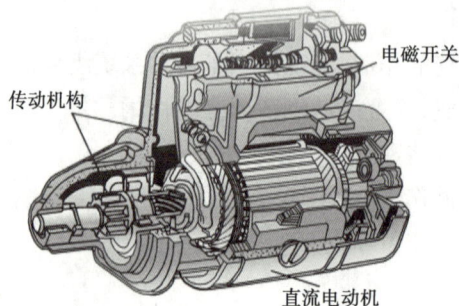

电磁开关

传动机构

直流电动机

图4-2　启动机的组成

（2）启动机各部分的作用

直流电动机的作用是产生转矩。

传动机构（或称啮合机构）的作用是：在发动机启动时，使启动机驱动齿轮啮入飞轮齿环，将启动机转矩传给发动机曲轴；而在发动机启动后，使驱动齿轮打滑与飞轮齿环自动脱开。

控制装置（即电磁开关）用来接通和切断启动机与蓄电池之间的电路。

3.启动机的具体构造及各部分作用

（1）启动机的具体构造

启动机主要由外壳、转子（电枢）、定子、磁场绕组、电磁开关、单向离合器、前端盖、后端盖（支架）、电刷、拨叉等组成（如图4-3所示）。

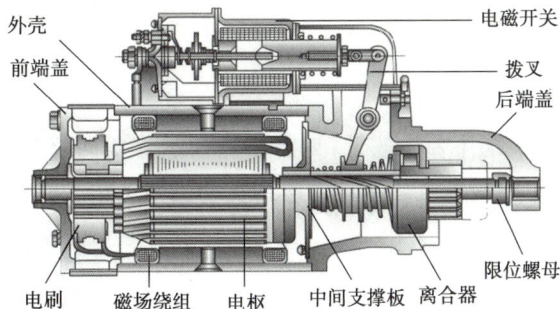

图4-3 启动机具体构造

（2）启动机各部分的组成及作用

● 磁场部分：由磁极、磁场绕组和外壳等组成（如图4-4所示），其作用是产生磁场。

● 电枢部分：由电枢线圈及铁芯、电枢轴、换向器等组成（如图4-5所示），其作用是产生电磁转矩。

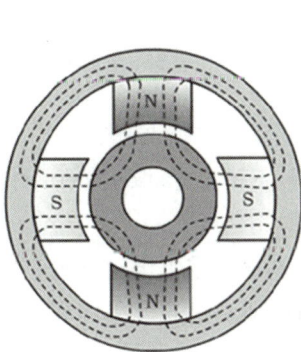

图4-4 磁极

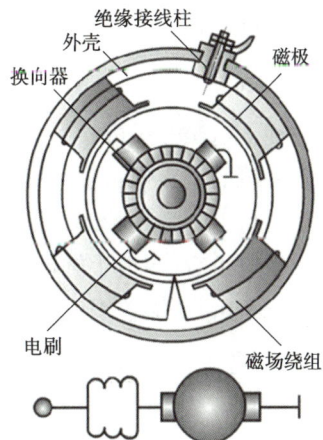

图4-5 电枢

- 换向器：由电刷和电枢轴上的整流子组成，用来连接磁场绕组与电枢绕组（如图 4-6 所示）。
- 电刷装置：由铜粉和石墨粉压制而成，电刷启动机两个正电刷与端盖绝缘，两个负电刷直接搭铁（如图 4-7 所示）。

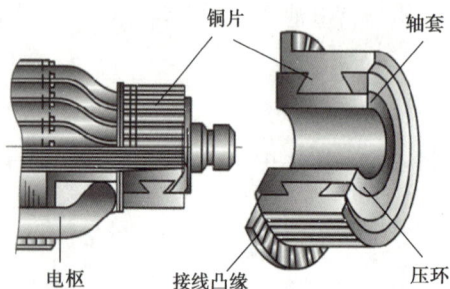

图 4-6　换向器

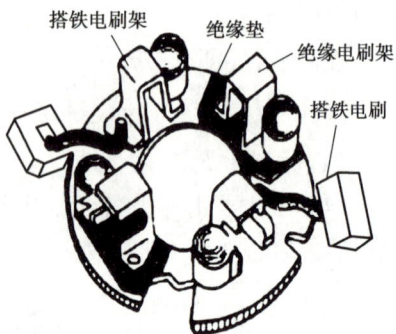

图 4-7　电刷架

- 传动机构：传动机构主要由拨叉（如图 4-8 所示）、单向离合器和驱动齿轮组成（如图 4-9 所示），其作用是将电磁转矩输送到发动机的飞轮。

图 4-8　拨叉

图 4-9　单向离合器和驱动齿轮

二、启动机的维护

1.启动机的拆卸

①用扳手旋下电磁开关的接线柱"30"及"50"的螺母，取下导线。

②旋下启动机的贯穿螺钉和衬套螺钉，取下衬套座和端盖，取出垫片组件和衬套。

③用尖嘴钳将电刷弹簧抬起，拆下电刷架及电刷。

④取下励磁绕组后，用扳手旋下螺栓，从驱动端端盖上取下电磁开关总成。

⑤在取出转子后，从端盖上取下传动叉，然后取出驱动齿轮与单向离合器，最后取出驱动齿轮端衬套。

2.启动机的安装

启动机的安装可按启动机的分解的相反顺序进行，但应注意以下事项：

①安装时，衬套中应涂上润滑脂。

②如图 4-10 所示,用止推垫圈调整驱动齿轮的轴向间隙(推到极限位置),标准值为 0.3~1.5 mm。

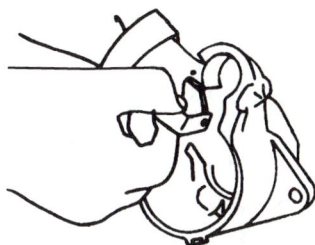

图 4-10　启动机驱动齿轮轴向间隙的调整

3.启动机零件的检修

(1)电枢轴的检修

用千分表检查启动机的电枢轴是否弯曲,如图 4-11 所示。若摆差超过 0.1 mm,应进行校正。电枢轴上的花键齿槽严重磨损或损坏,应进行修复或更换。

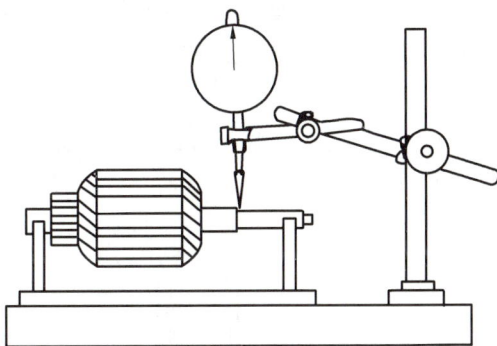

图 4-11　电枢轴弯曲度的检查

(2)电枢绕组的检修

①检查整流子是否断路,如图 4-12 所示。用欧姆表检查整流子片之间的导通性,应导通,若整流子片之间不导通,则应更换电枢。

②检查整流子是否搭铁,如图 4-13 所示。用欧姆表检查整流子与电枢绕组铁芯之间的导通性,应不导通,若导通,则应更换电枢。

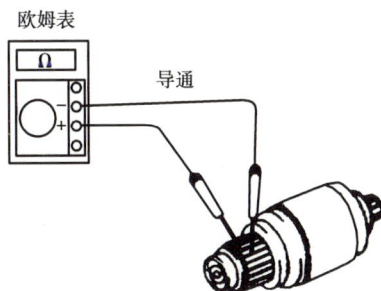

图 4-12　检查整流子是否断路　　　　图 4-13　检查整流子是否搭铁

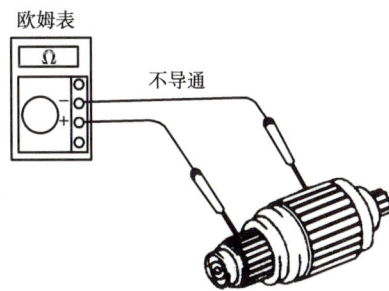

（3）励磁绕组的检查

①检查励磁绕组是否断路，如图4-14所示。用欧姆表检查引线和磁场绕组电刷引线之间的导通性，应导通；否则，则应更换磁极框架。

②检查磁场绕组是否搭铁，如图4-15所示。用欧姆表检查磁场绕组末端与磁极框架之间的导通性，应不导通；若导通，则应修理或更换磁极框架。

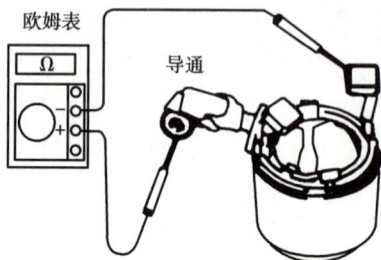

图4-14　检查磁场绕组是否断路　　　图4-15　检查磁场绕组是否搭铁

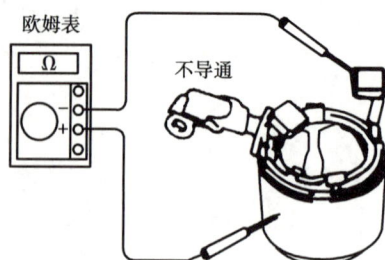

（4）电刷弹簧及电刷架的检修

①检修电刷弹簧，如图4-16所示，读取电刷弹簧从电刷分离瞬间的拉力计读数。标准弹簧安装载荷应为17~23 N，最小安装载荷为12 N，若安装载荷小于规定值，则应更换电刷弹簧。

②用欧姆表检查电刷架正极（+）与负极（-）之间的导通性，应不导通，如图4-17所示；若导通，则应修理或更换电刷架。

图4-16　检查电刷弹簧载荷　　　图4-17　检查电刷架绝缘情况

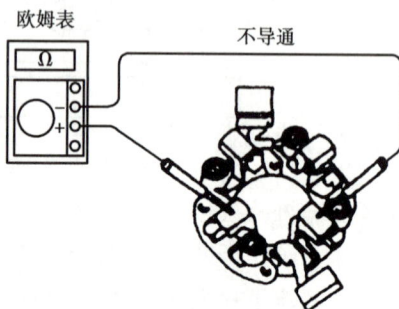

【任务实施】

任务名称			
班　级		姓　名	
地　点		日　期	
成　员			

一、任务准备

1.设备准备

整车、启动机、工作台等。

2.工量具准备

汽车电工工具套装、干净的抹布、力矩可调式扭力扳手(5~50 N·m)、汽车数字万用表、拆装工具、蓄电池、润滑油、游标卡尺、导线、导线夹、汽车维修手册、汽车电路图册等。

二、过程记录

	活动名称	任务要点记录	使用资源记录	本人角色
启动机的维护	1.启动机的拆卸			□安全员 □操作员 □记录员 □观察员
	2.启动机的安装			□安全员 □操作员 □记录员 □观察员
	3.启动机零件的检修			□安全员 □操作员 □记录员 □观察员

【评价与考核】

序号	作业项目	考核内容	评分标准	配分	扣分
1	作业安全职业操守	能进行工位 7S 操作	□整理、整顿(0.5 分) □清理、清洁(0.5 分) □素养、节约(0.5 分) □安全(0.5 分)	2	
		能进行设备和工具安全检查	□检查作业所需要的工具设备是否完备(1 分) □检查作业环境是否配备灭火器(1 分) □检查设备用电情况是否正常(1 分)	3	
		能进行安全用电操作	□作业过程中做到远离油液(1 分) □正确连接实训供电设备(1 分) □正确操作用电设备(2 分)	4	
		能进行工具清洁校准存放操作	□使用工具前对工具、量具进行校准(1 分) □使用工具后对工具、量具进行清洁(1 分) □作业完成后对工具进行复位(1 分)	3	
2	汽车启动系统的认知	汽车启动系统的组成	□能说出汽车启动系统的组成(5 分) □能说出汽车启动系统的作用(5 分)	10	
		汽车启动机的组成	□能说出汽车启动机的组成(5 分)	5	
		汽车启动机的具体构造	□能说出汽车启动机的具体构造(5 分)	5	
3	启动机的维护	启动机的拆卸	□拆卸步骤正确(5 分) □拆卸工具选用正确(3 分)	8	
		启动机的安装	□安装步骤正确(5 分) □会调整齿轮间隙(5 分)	10	
		启动机主要零件的检修	□能正确识读启动机型号(5 分) □会电枢线圈断路检查(5 分) □会电枢线圈搭铁检查 5 分) □会电枢轴直径测量(5 分) □会励磁绕组断路检查(5 分) □会励磁绕组搭铁检查(5 分) □会定子磁场外观检查(5 分) □能检查电刷弹簧载荷(5 分) □能检查电刷架绝缘(5 分)	45	
		数据记录	□正确记录数据(5 分)	5	
合　计				100	

【实训报告单】

实训报告单					
科　目		班　级		学生姓名	
实训项目					
实训任务					
实训器材					
实训内容					
体会或建议					
实训结果	自评_____　　　互评_____　　　师评_____				

指导教师_____　　　　　　　　　　时间_____

【作业】

一、填空题

1.现代汽车常用的启动方式是_____。

2.启动机定子用来产生_____。

3.启动机都是由_____、_____和控制机构三大部分组成的。

4.启动继电器用来控制启动机电磁开关中_____线圈和保持线圈。

5.目前启动机使用的离合器主要有_____式、摩擦片式、弹簧式。

二、选择题

1.汽车启动系统中直流电机电枢(转子)的作用是( )。

　A.产生电磁转矩　　　　　　　　B.产生三相交流电

　C.将交流变为直流　　　　　　　D.调节励磁电流的大小

2.下列说法错误的是( )。

　A.启动机是由定子、转子、整流器等组成

　B.启动机是由电枢、磁极、换向器等组成

　C.启动机是由直流串激电动机、传动机构、磁力开关等组成

　D.启动机是由吸拉线圈、保持线圈、活动铁芯等组成

3.启动时间和相邻两次启动之间停顿时间约为( )。

　A.30 s，5 s　　　　B.15 s，30 s　　　　C.5 s，30 s　　　　D.5 s，15 s

4.启动机的励磁绕组安装在( )上。

　A.转子　　　　　　B.定子　　　　　　C.电枢　　　　　　D.电刷

5.启动机空转试验的接通时间不得超过( )。

　A.5 s　　　　　　B.1 min　　　　　　C.5 min　　　　　　D.15 s

三、思维拓展

传动机构的作用是什么?

项目五 | 传感器、执行器的识别

【项目描述】

　　汽车在公路上正常行驶时,电子控制单元(ECU)随时根据不同的工况信息来控制并发出不同的执行命令以便使发动机处于最佳工作状态。传感器的作用就是把汽车运行中各种工况信息,如车速、各种介质的温度、发动机运转工况等转化成电信号输给计算机。而执行器就是在 ECU 接收信息后发出命令去执行的装置。本项目包含传感器的识别和执行器的识别两个任务,其中传感器和执行器的识别为本项目的重点。

【项目内容】

任务名称	主要内容
任务一　传感器的识别	1.识别进气温度传感器; 2.识别空气流量计; 3.识别进气压力传感器; 4.识别节气门位置传感器; 5.识别曲轴位置传感器; 6.识别凸轮轴位置传感器; 7.识别爆震传感器; 8.识别氧传感器; 9.识别机油压力传感器
任务二　执行器的识别	1.识别喷油器; 2.识别点火模块; 3.识别燃油压力电磁阀; 4.识别怠速控制阀; 5.识别活性炭罐控制阀

【项目目标】

　　1.能认识各种不同的传感器、执行器;

2.能了解各传感器、执行器的作用;

3.能在汽车上指出各传感器、执行器的安装位置;

4.在操作过程中,树立学生常备不懈的安全操作意识和安全用电常识,培养学生踏实、肯干、肯钻研的工作态度和良好的岗位职责意识;

5.培养学生的环保意识,能对实训后的垃圾进行合理分类。

【知识储备】

一、电控发动机传感器的作用及位置

电控发动机传感器的位置如图 5-1 所示。

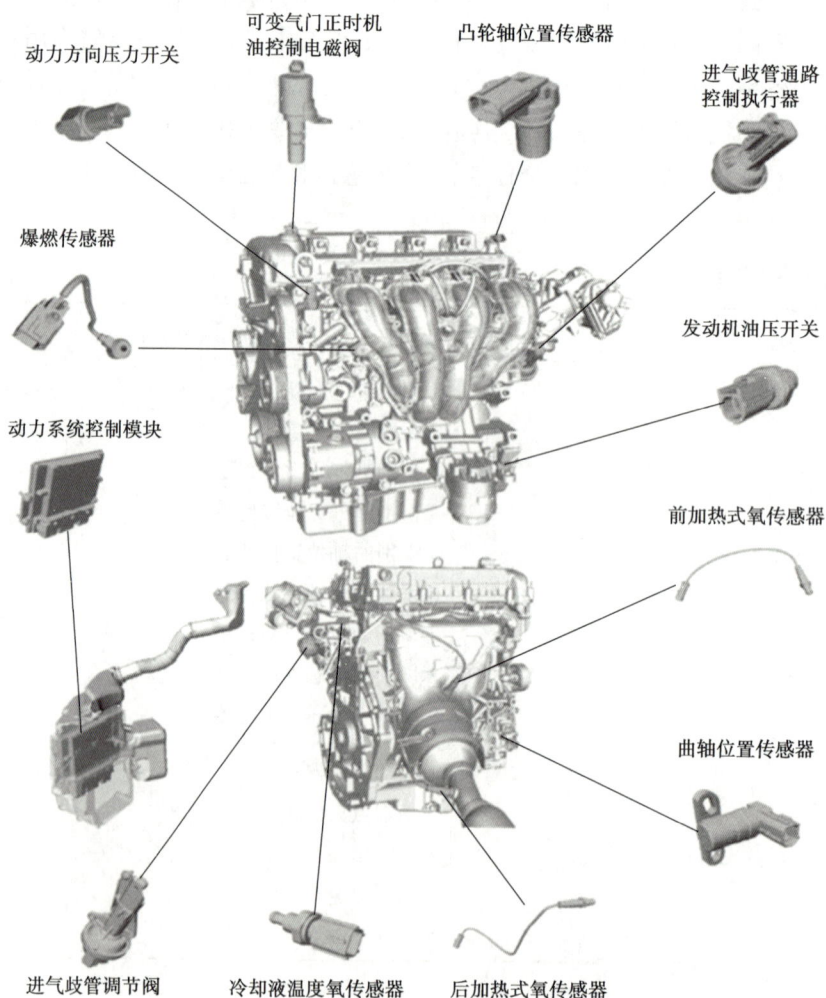

动力方向压力开关
可变气门正时机油控制电磁阀
凸轮轴位置传感器
进气歧管通路控制执行器
爆燃传感器
发动机油压开关
动力系统控制模块
前加热式氧传感器
曲轴位置传感器
进气歧管调节阀
冷却液温度氧传感器
后加热式氧传感器

图 5-1　电控发动机传感器的安装位置(总图)

1.空气流量计

空气流量传感器又称为空气流量计(AFM),主要用于测量发动机吸入的空气量。

空气流量计的类型如图 5-2 所示。

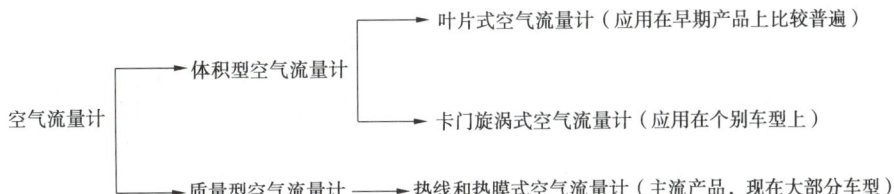

图 5-2　空气流量计的类型

空气流量计安装位置如图 5-3 所示。

2.进气压力传感器

进气压力传感器的作用:进气压力传感器在汽油喷射系统中所起的作用和空气流量传感器相似。进气歧管绝对压力传感器根据发动机的负荷状态测出进气歧管内绝对压力(真空度)的变化,并转换成电压信号,与转速信号一起输送到电控单元(ECU),作为确定喷油器基本喷油量的依据。

进气压力传感器的安装位置:①安装在进气歧管上(如桑塔纳 2000),如图 5-4 所示。②进气压力传感器和进气温度传感器集成在一起,安装在进气管膨胀箱上。

图 5-3　空气流量计安装位置

图 5-4　进气压力传感器安装位置

3.发动机冷却液温度传感器

发动机冷却液温度传感器的作用:检测发动机冷却液温度,向 ECU 输入温度信号,作为燃油喷射和点火正时的修正信号。

发动机冷却液温度传感器的安装位置:如图 5-5 所示,一般安装在发动机缸体水道上、缸盖水道上、上出水管、发动机出水口、节温器前等处。

4.发动机进气温度传感器

发动机进气温度传感器的作用:检测进气温度,向 ECU 输入进气温度(不一样的进气温度喷油量不一样)信号,作为燃油喷射的修正信号。

发动机进气温度传感器的安装位置:通常安装在空气滤清器之后的进气软管上或空气流量传感器上,如图 5-6 所示。

图 5-5　发动机冷却液温度传感器的安装位置

图 5-6　发动机进气温度传感器的安装位置

5.节气门位置传感器

节气门位置传感器的作用:将节气门开度(即发动机负荷)大小转变为电信号输入 ECU。ECU 根据节气门位置信号判别发动机的工况,如怠速工况、部分负荷工况、大负荷工况等,并根据发动机不同工况对混合气浓度的需求来控制喷油时间。节气门位置传感器安装位置如图 5-7 所示。

6.氧传感器

氧传感器的作用:通过监测尾气中氧的浓度来获得混合气的空燃比信号,并将该信号转变为电信号反馈给控制单元,调整喷油量,从而实现发动机的闭环控制,改善发动机的燃烧,减少有害气体的排放、节约燃油。氧传感器安装在排气管上,如图 5-8 所示。

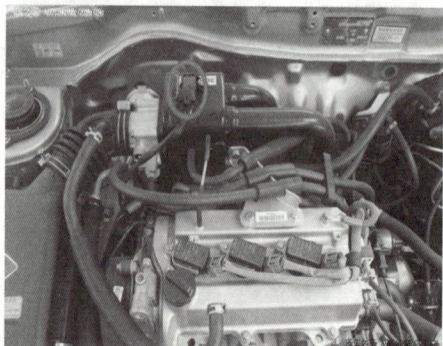

图 5-7　节气门位置传感器安装位置

图 5-8　氧传感器安装位置

7.爆震传感器

爆震传感器的作用:将发动机的爆震信号转化为电信号传递给 ECU,ECU 根据爆震信号对点火提前角进行修正,使点火提前角保持最佳值。

爆震传感器的安装位置:安装在发动机的缸体上,一般需拆下发动机后才能看见,如图 5-9 所示。

8.凸轮轴位置传感器的作用及安装位置

凸轮轴位置传感器的作用:主要用来采集配气凸轮轴的位置信号,检测凸轮轴转角位置,给发动机控制单元提供曲轴转角基准位置即第一缸压缩上止点信号,作为燃油喷射控制和点火控制的主控信号。

凸轮轴位置传感器的安装位置:凸轮轴位置传感器与曲轴位置传感器可以安装在一起,也可以分开安装,凸轮轴位置传感器大多数安装在凸轮轴处,如图 5-10 所示。

图 5-9　爆震传感器安装位置　　　图 5-10　凸轮轴位置传感器安装位置

9.电控发动机各传感器作用及安装位置

电控发动机各传感器作用及安装位置见表 5-1。

表 5-1　汽车各传感器作用及安装位置

传感器名称	作　用	安装位置
进气温度传感器	测量进气管内空气的温度,并转换成电信号送给 ECU	进气管道上
空气流量计	测量流经空气滤芯处空气的质量	空气滤芯附近
进气压力传感器	测量进气管道内的气体压力,并转成电信号送给 ECU	进气管道上
节气门位置传感器	将节气门打开的角度转换成电信号送给 ECU,以便节气门在不同开度时控制喷油量	节气门体上和节气门同轴
曲轴位置传感器	发动机运转过程中提供转速和正时信号	曲轴前端或后端
凸轮轴位置传感器	发动机启动时正时信号	凸轮轴前端或后端
爆震传感器	检测发动机工作时爆燃情况,并转换成电信号送给 ECU,根据此信号来及时推迟点火提前角。	气缸体一侧
氧传感器	检测排气管中的氧含量,并转换成电信号送给 ECU,即时调整喷油量	排气管道上
机油压力传感器	检测机油压力,控制机油报警	机油油道上

二、电控发动机执行器作用及位置

1.喷油器的作用及安装位置

喷油器的作用:定时喷油和断油,提高汽油雾化质量。

喷油器的安装位置:采用进气道喷射的发动机管理系统喷油器一般安装在进气歧管上;采用缸内喷射的发动机管理系统喷油器安装在气缸盖上。喷油器安装位置如图5-11所示。

2.点火模块的作用及安装位置

点火模块的作用:按ECU的指令,在指定的时刻、对应的工况所需能量而点火。有的点火模块还提供给ECU反馈信号,供ECU判断点火线圈工作是否正常,还有的反馈信号供ECU计算下一个导通脉冲宽度。

图 5-11　喷油器安装位置　　　　图 5-12　点火模块安装位置

点火模块的安装位置:在发动机后面,靠近进气歧管后面,有的安装在发动机右侧靠近助力泵油壶的前下方。点火模块的安装位置如图5-12所示。

3.燃油压力电磁阀的作用及安装位置

燃油压力电磁阀的作用:保持油路内的压力恒定,油压过低则喷油器喷油太弱或不喷油,油压太高则易使油路损毁或喷油器损坏。

燃油压力电磁阀的安装位置:一般安装在燃油分配油管的一段末端,有的安装在油泵出口处。

4.燃油分配管(供油架)的作用及安装位置

燃油分配管的作用:安装喷油器和油压调节器,并将燃油分配到各只喷油器。

燃油分配管的安装位置:如图5-13所示,燃油分配管安装在发动机进气歧管上部。

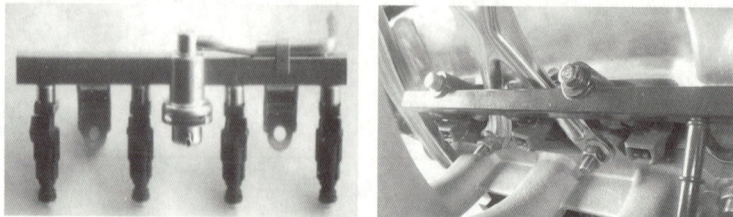

图 5-13　燃油分配管安装位置

【任务实施】

任务名称			
班　级		姓　名	
地　点		日　期	
成　员			

一、任务准备

设备准备

带有传感器和执行器的发动机、进气温度传感器、空气流量计、进气压力传感器、节气门位置传感器、曲轴位置传感器、凸轮轴位置传感器、爆震传感器、氧传感器、机油压力传感器、喷油器、点火模块、燃油压力电磁阀、怠速控制阀、活性炭罐控制阀等。

二、过程记录

	活动名称	任务要点记录	使用资源记录	本人角色
传感器的识别	1.进气温度传感器			□安全员 □操作员 □记录员 □观察员
	2.空气流量计			□安全员 □操作员 □记录员 □观察员
	3.进气压力传感器			□安全员 □操作员 □记录员 □观察员
	4.节气门位置传感器			□安全员 □操作员 □记录员 □观察员
	5.曲轴位置传感器			□安全员 □操作员 □记录员 □观察员

续表

活动名称		任务要点记录	使用资源记录	本人角色
传感器的识别	6.凸轮轴位置传感器			□安全员 □操作员 □记录员 □观察员
	7.爆震传感器			□安全员 □操作员 □记录员 □观察员
	8.氧传感器			□安全员 □操作员 □记录员 □观察员
	9.机油压力传感器			□安全员 □操作员 □记录员 □观察员
执行器的识别	1.喷油器			□安全员 □操作员 □记录员 □观察员
	2.点火模块			□安全员 □操作员 □记录员 □观察员
	3.燃油压力电磁阀			□安全员 □操作员 □记录员 □观察员
	4.怠速控制阀			□安全员 □操作员 □记录员 □观察员
	5.活性炭罐控制阀			□安全员 □操作员 □记录员 □观察员

【评价与考核】

序号	作业项目	考核内容	评分标准	配分	扣分
1	作业安全职业操守	能进行工位7S操作	□整理、整顿(0.5分) □清理、清洁(1分) □素养、节约(0.5分) □安全(1分)	3	
		能进行设备和工具安全检查	□检查作业所需要的工具设备是否完备(1分) □检查作业环境是否配备灭火器(1分) □检查举升机举升情况是否正常(1分)	3	
2	传感器的识别	1.进气温度传感器	□能正确说出作用(3.5分) □能准确指出位置(3.5分)	7	
		2.空气流量计	□能正确说出作用(3.5分) □能准确指出位置(3.5分)	7	
		3.进气压力传感器	□能正确说出作用(3.5分) □能准确指出位置(3.5分)	7	
		4.节气门位置传感器	□能正确说出作用(3.5分) □能准确指出位置(3.5分)	7	
		5.曲轴位置传感器	□能正确说出作用(3.5分) □能准确指出位置(3.5分)	7	
		6.凸轮轴位置传感器	□能正确说出作用(3.5分) □能准确指出位置(3.5分)	7	
		7.爆震传感器	□能正确说出作用(3.5分) □能准确指出位置(3.5分)	7	
		8.氧传感器	□能正确说出作用(3.5分) □能准确指出位置(3.5分)	7	
		9.机油压力传感器	□能正确说出作用(3.5分) □能准确指出位置(3.5分)	7	
3	执行器的识别	1.喷油器	□能正确说出作用(3分) □能准确指出位置(3分)	6	
		2.点火模块	□能正确说出作用(3.5分) □能准确指出位置(3.5分)	7	
		3.燃油压力电磁阀	□能正确说出作用(3分) □能准确指出位置(3分)	6	
		4.怠速控制阀	□能正确说出作用(3分) □能准确指出位置(3分)	6	
		5.活性炭罐控制阀	□能正确说出作用(3分) □能准确指出位置(3分)	6	
合　计				100	

【实训报告单】

实训报告单					
科　　目		班　级		学生姓名	
实训项目					
实训任务					
实训器材					
实训内容					
体会或建议					
实训结果	自评_____　　　互评_____　　　师评_____				

指导教师_____　　　　　　　　　　　　　　时间_____

【作业】

一、填空题

1.空气流量传感器用来检测发动机_____,并将其转换成电信号输入_____,以供计算喷油量和点火时间。

2.水温传感器大多使用_____系数热敏电阻制成。

3.进气压力传感器按信号产生的原理可分为_____型和_____型两种。

4.发动机怠速运转时,进气歧管内的压力变_____,真空度变_____。

5.油压传感器由_____、_____应变片、传感元件及壳体组成。

二、选择题

1.电控发动机系统中,检测进气压力的是( )。

　　A.怠速旁通阀　　B.进气压力传感器　　C.空气滤清器　　D.进气管

2.进气温度传感器是用( )元件测温的。

　　A.负温度系数热敏电阻　　　　　　　　B.普通电阻

　　C.正温度系数热敏电阻　　　　　　　　D.临界温度热敏电阻

3.对于热线式空气流量传感器来说,当进气量从小到大的过程中,以下说法正确的是( )。

　　A.信号电压将由大变小　　　　　　B.信号电压将由小变大

　　C.信号电压保持不变　　　　　　　D.以上说法都不对

4.电控汽油喷射系统中的节气门位置传感器安装在( )。

　　A.节气门顶上　　B.节气门轴上　　C.气门座上　　D.气门导管上

5.用万用表测得某轿车氧传感器的输出电压约为0.9 V,说明发动机尾气( )。

　　A.偏浓　　　　　B.偏稀　　　　　C.符合要求　　　D.不确定

三、思维拓展

空气流量传感器的作用是什么?

项目六｜动力电控系统功能检查

【项目描述】

近年来,随着电子技术、计算机技术和信息技术的应用,汽车电子控制技术得到了迅猛的发展,尤其在控制精度、控制范围、智能化和网络化等方面有了较大突破。发动机电子控制系统(EECS)是通过对发动机点火、喷油、空气与燃油的比率、排放废气等进行电子控制,使发动机在最佳工况状态下工作,以达到提高整车性能、节约能源、降低废气排放的目的。因此在汽车保养或维修中对电控系统各基础元件的检测就显得尤为重要,在检测过程中,故障诊断仪的使用是必不可少的。本项目包含动力电控系统的基本原理、元件的识别与检测,故障码的读取与清除,其中故障诊断仪的使用是本项目的重点。

【项目内容】

任务名称	主要内容
任务一　动力电控系统的基本原理及元件的识别与检测	1.动力电控系统的基本原理; 2.基本元件的识别与检测
任务二　故障码的读取与清除	1.故障灯的识别; 2.故障码的读取; 3.故障码的清除

【项目目标】

1.了解动力电控系统的基本原理;

2.能识别电控系统的基本元件并进行检测;

3.能读取故障码并清除;

4.在操作过程中,树立学生常备不懈的安全操作意识和安全用电常识,培养学生踏实、肯干、肯钻研的工作态度和良好的岗位职责意识。

5.培养学生的环保意识,能对实训后的垃圾进行合理分类。

【知识储备】

一、动力电控系统的基本原理

动力电控系统由电控单元（ECU）、各类传感器和执行器组成。各类传感器将空气进气量（或进气压力）、进气温度、冷却液温度、发动机负荷等运转参数输入 ECU，而 ECU 则按设定的程序进行分析、判断和计算，根据计算结果，向各种执行器发出指令信号，使发动机在各种工况都处于优化的状态下工作。

二、基本元件的识别与检测

1.基本元件

● 传感器：进气温度传感器、空气流量计、进气压力传感器、节气门位置传感器、曲轴位置传感器、凸轮轴位置传感器、爆震传感器、氧传感器、机油压力传感器。

● 执行器：喷油器、点火模块、燃油压力电磁阀、怠速控制阀、活性炭罐控制阀。

2.检测诊断的一般程序

（1）客户调查

向用户询问故障发生的时间、症状、条件、过程，是否已检修过，检修过什么部位等。

（2）直观检查

直观检查的目的是为了在进入更为细致地检测和诊断之前，能消除一些一般性的故障因素，其检查内容如下。

①检查滤芯及其周围是否有脏物，必要时应更换。

②检查真空软管是否破裂、老化或挤坏；检查真空软管经过的途径和接头是否恰当。

③检查电子控制系统电线束的连接状况，主要包括：

a.传感器或执行器的电线接线器是否完好。

b.线束间的接线器是否松动或断开。

c.电线是否有断裂或断开的现象。

d.线束接线器是否插接到位。

e.电线是否有磨破或线间短路现象。

f.线束连接器的插头和插座有无腐蚀现象等。

④检视每个传感器和执行器是否有明显的损伤。

⑤运转发动机，并检视进排气歧管及氧传感器处是否漏气。

⑥对检查发现的故障进行必要的排除。

（3）深入诊断

可利用车载故障自诊断系统调出故障码，或用电脑故障诊断仪检查诊断以确定故障所在。做进一步的深入诊断时,可利用万用表、示波器等仪器检测线路的通断、传感器信号的正确性等,以判断故障的具体原因。

3.检测注意事项

①防止水浸入 ECU,防止 ECU 受剧烈振动。

②应定期更换燃油滤清器,以保证燃油的清洁。

③点火开关接通时,不允许拆开任何 12V 电器线路,以防线圈自感产生的瞬时电压损坏 ECU 或传感器。

④应注意保持各线束连接器清洁、连接可靠。拆开线束连接器时,不可盲目用力硬拉;安装时注意插接到位。

⑤维修前,必须拆开蓄电池负极线,防止损坏电子部件。

⑥拆开燃油系统前,必须释放燃油系统压力。

⑦对电路或元件进行检查时,除特殊指明外,必须使用高阻抗数字万用表检查电压、电阻或电流。

⑧发生故障时,切忌盲目拆检。

三、故障码的读取和清除

读取电控发动机电控单元(ECU)内存储的故障码的方法因车型而异,大部分车可以利用故障诊断仪(解码器)读取;随着国际车载故障自诊断系统标准的日渐统一,一般人工的方法也可以读取故障码。下面以丰田系列轿车为例介绍故障码的读取与清除方法。

1.故障码的读取

现代大多数轿车都设置了使用方法基本相同的电控发动机自诊断系统,故障码通过触发故障诊断座中的指定端子,根据"CHECK"警告灯的闪烁情况来读取的。若有故障存在,"CHECK"警告灯将不断地闪烁,循环显示所有的故障代码,每一循环按照数值小的故障码在前、数值大的故障码在后的显示顺序显示。

读取故障码的步骤为:

将点火开关置于"ON",不启动发动机。用自诊断连接线(SST)短接诊断座中的"TE1"和"E1"端子。根据"CHECK"警告灯的闪烁特征读取故障码。若在电控单元(ECU)中记录有多个故障码,不管故障发生的先后,故障码总是从小到大依次输出;若电控系统中未发生故障,电控单元(ECU)中无故障码记录,完成检查后,拆下诊断跨接线,如图 6-1 所示。

2.故障码的清除

故障码读取以后,可以根据读取故障码排除其故障。故障排除后,故障码会仍然存储在电控单元(ECU)中,因此必须对其加以清除,如图 6-2 所示。在清除故障码后,需要重新读取故障码,结果显示系统正常则表示故障已清除。

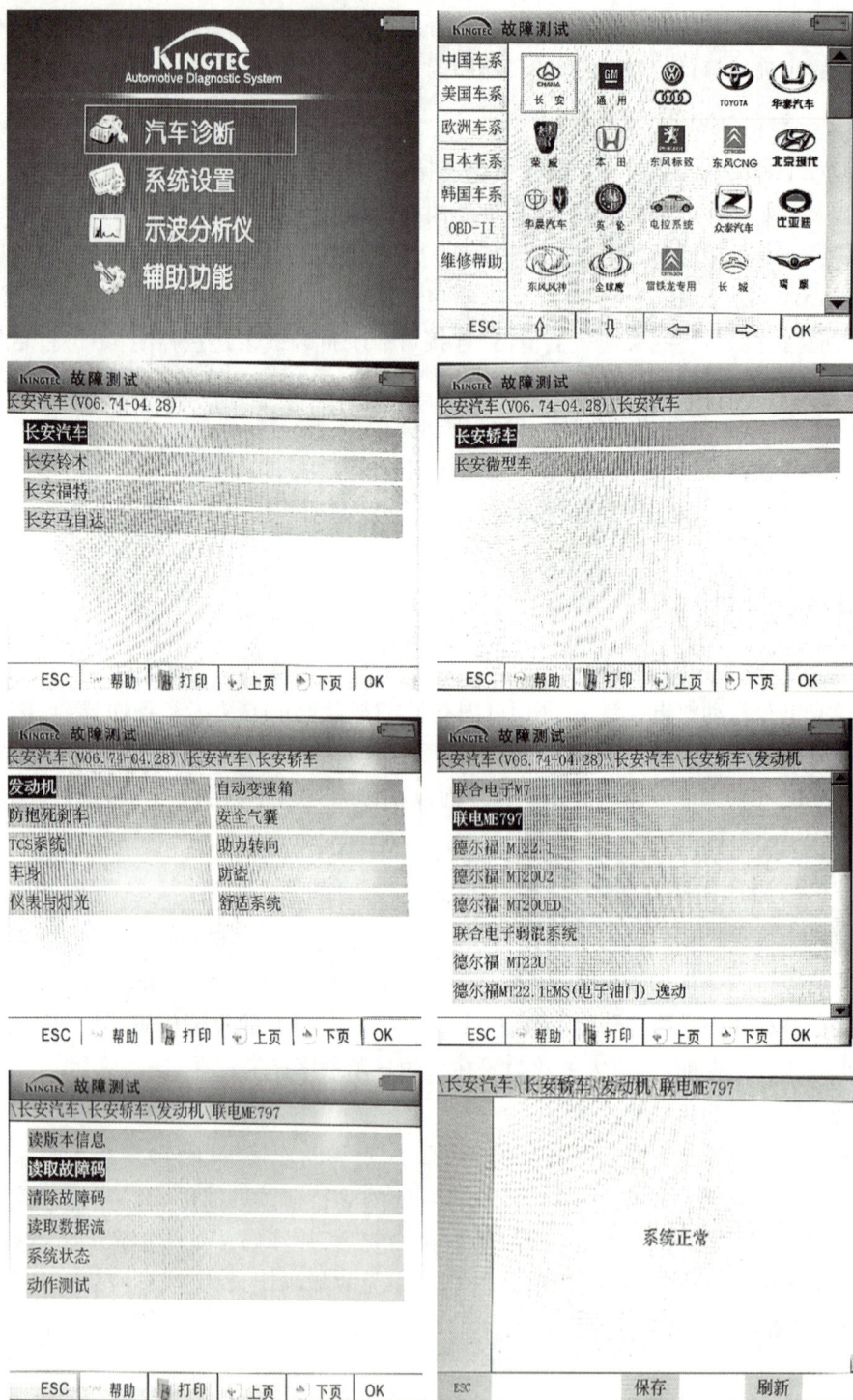

图 6-1 长安悦翔车型的故障码读取

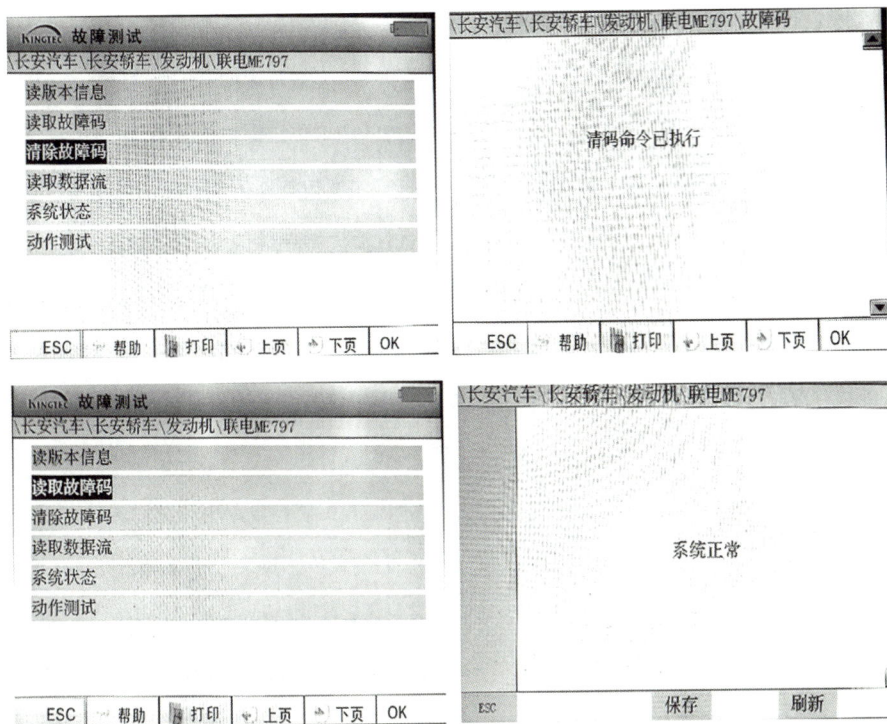

图 6-2　长安悦翔车型的故障码清除

长安悦翔车型的故障码对应表见表 6-1。

表 6-1　长安悦翔车型的故障码对应表

序　号	故障码	故障说明
1	P0016	凸轮轴与曲轴安装相对位置不合理
2	P0030	上游氧传感器加热控制电路开路
3	P0031	上游氧传感器加热控制电路对地短路
4	P0032	上游氧传感器加热控制电路对电源短路
5	P0036	下游氧传感器加热控制电路开路
6	P0037	下游氧传感器加热控制电路对地短路
7	P0038	下游氧传感器加热控制电路对电源短路
8	P0053	上游氧传感器加热内阻不合理
9	P0054	下游氧传感器加热内阻不合理
10	P0105	进气压力传感器信号无变化(结冰)
11	P0106	进气压力传感器不合理
12	P0107	进气压力传感器对地短路

续表

序 号	故障码	故障说明
13	P0108	进气压力传感器对电源短路
14	P0112	进气温度传感器信号电压过低
15	P0113	进气温度传感器信号电压过高
16	P0116	发动机冷却液温度传感器不合理
17	P0117	发动机冷却液温度传感器电路电压过低
18	P0118	发动机冷却液温度传感器电路电压过高
19	P0122	节气门位置传感器电路电压超低限值
20	P0123	节气门位置传感器电路电压超高限值
21	P0130	上游氧传感器信号不合理
22	P0131	上游氧传感器信号电压过低
23	P0132	上游氧传感器信号电路电压过高
24	P0133	上游氧传感器老化
25	P0134	上游氧传感器电路信号故障
26	P0136	下游氧传感器信号不合理
27	P0137	下游氧传感器信号电压过低
28	P0138	下游氧传感器信号电路电压过高
29	P0140	下游氧传感器电路信号故障
30	P0170	下线检测空燃比闭环控制自学习不合理
31	P0171	下线检测空燃比闭环控制自学习过稀
32	P0172	下线检测空燃比闭环控制自学习过浓
33	P0201	一缸喷油器控制电路开路
34	P0202	二缸喷油器控制电路开路
35	P0203	三缸喷油器控制电路开路
36	P0204	四缸喷油器控制电路开路
37	P0261	一缸喷油器控制电路对地短路
38	P0262	一缸喷油器控制电路对电源短路
39	P0264	二缸喷油器控制电路对地短路

序　号	故障码	故障说明
40	P0265	二缸喷油器控制电路对电源短路
41	P0267	三缸喷油器控制电路对地短路
42	P0268	三缸喷油器控制电路对电源短路
43	P0270	四缸喷油器控制电路对地短路
44	P0271	四缸喷油器控制电路对电源短路
45	P0300	多缸失火发生
46	P0301	一缸失火发生
47	P0302	二缸失火发生
48	P0303	三缸失火发生
49	P0304	四缸失火发生
50	P0318	坏路检测加速度传感器信号故障
51	P0321	曲轴上止点信号故障
52	P0322	转速传感器信号故障
53	P0324	爆震信号处理芯片及其电路故障
54	P0327	爆震传感器信号电路电压过低
55	P0328	爆震传感器信号电路电压过高
56	P0340	相位传感器安装位置不当
57	P0341	相位传感器接触不良
58	P0342	相位传感器对地短路
59	P0343	相位传感器对电源短路
60	P0420	三元催化器储氧能力老化(排放超限)
61	P0444	碳罐控制阀控制电路开路
62	P0458	碳罐控制阀控制电路电压过低
63	P0459	碳罐控制阀控制电路电压过高
64	P0480	冷却风扇继电器控制电路故障(低速)
65	P0481	冷却风扇继电器控制电路故障(高速)
66	P0501	车速传感器信号不合理

续表

序　号	故障码	故障说明
67	P0506	怠速控制转速低于目标怠速
68	P0507	怠速控制转速高于目标怠速
69	P0508	步进电机驱动引脚对地短路
70	P0509	步进电机驱动引脚对电源短路
71	P0511	步进电机驱动引脚同时存在不止一类故障
72	P0560	系统蓄电池电压信号不合理
73	P0562	系统蓄电池电压过低
74	P0563	系统蓄电池电压过高
75	P0602	电子控制单元编码故障
76	P0627	油泵继电器控制电路开路
77	P0628	油泵继电器控制电路对地短路
78	P0629	油泵继电器控制电路对电源短路
79	P0645	A/C 压缩机继电器控制电路开路
80	P0646	A/C 压缩机继电器控制电路对地短路
81	P0647	A/C 压缩机继电器控制电路对电源短路
82	P0650	MIL 灯驱动级电路故障
83	P0691	冷却风扇继电器控制电路对地短路(低速)
84	P0692	冷却风扇继电器控制电路对电源短路(低速)
85	P0693	冷却风扇继电器控制电路对地短路(高速)
86	P0694	冷却风扇继电器控制电路对电源短路(高速)
87	P2177	空燃比闭环控制自学习值超上限(中负荷区)
88	P2178	空燃比闭环控制自学习值超下限(中负荷区)
89	P2187	空燃比闭环控制自学习值超上限(低负荷区)
90	P2188	空燃比闭环控制自学习值超下限(低负荷区)
91	P2195	上游氧传感器老化
92	P2196	上游氧传感器老化
93	P2270	下游氧传感器老化

续表

序　号	故障码	故障说明
94	P2271	下游氧传感器老化

别克悦翔车型的故障码对应表见 6-2。

表 6-2　别克悦翔故障码对应表

特有故障代码	故障说明
P1646	蒸发排放（EVAP）碳罐吹扫阀门—电路故障（凯迪拉克）
P1345	曲轴位置（CKP）传感器/凸轮轴位置（CMP）传感器—信号相关性
P1191	进气歧管系统—空气泄漏
P1448	柴油微粒过滤器（DPF）再生频率—过低
P1310	点火线圈 3 控制—反馈电路故障
P1780	发动机控制模块（ECM），（CAN）数据总线—与变速器控制模块的通信丢失
P15A1	经济模式开关—故障
P1132	加热氧传感器（HO2S）1，第 1 排—信号电路短路到加热器电路
P1510	节气门控制系统性能—节气门限制当前有效
P1570	定速巡航—驱动防滑牵引力控制（TCS）系统（TCS）当前运行，定速巡航控制关闭
故障代码 P0 开头	故障说明
P04A0	排气压力控制阀门 B 范围/性能
P0189	燃油温度传感器 B 电路间歇
P0BF2	驱动电机 B、U 相电流传感器电路范围/性能
P0715	输入轴/涡轮速度传感器 A 电路
P0934	液压传感器电路低
P02CB	涡轮/超级增压器 B 处于增压不足状态
P0319	恶劣路况传感器 B 信号电路
P06AB	动力总成控制模块（PCM）/发动机控制模块（ECM）/变速器控制模块（TCU）内部温度传感器 B 电路
P045E	废气再循环 B 控制卡在开的位置
P0562	系统电压太低

续表

故障代码 P1 开头	故障说明
P158D	怠速空气控制执行器—控制位置错误
P1792	大气压力（BARO）传感器
P1190	氧传感器加热器 1—气缸 1,2,3,4,5,6—加热器电阻低
P1519	凸轮轴正时,右排气缸—信号范围/性能
P1411	废气再循环（EGR）阀位置传感器—范围/性能
P1629	无效发动机控制模块（ECM）程序
P1089	进气歧管空气控制执行器位置传感器 1,右边—电压高
P1088	加热氧传感器 2—超过浓混合比的极限（第 4 排）
P1577	刹车踏板位置开关—短路到接地
P1589	空调加热器空气温度控制开关—短路到接地
故障代码 P2 开头	故障说明
P2A09	氧传感器负电压（第 2 排,传感器 1）
P20CF	尾气后处理喷油器 A 卡在开的位置
P226A	燃油中含水指示灯控制电路
P2435	二次空气喷射系统空气流量/压力传感器电路（第 2 排）
P269C	排气后处理电热塞控制性能
P2450	蒸发排放系统开关阀门性能或卡在开启位置
P2445	次空气喷射系统泵停留在关的位置（第 1 排）
P2228	大气压力（BARO）传感器 A 电路低
P245B	废气再循环系统冷却器旁通阀控制电路范围/性能
P2120	空节气门/油门踏板位置传感器/开关 D 电路
故障代码 P3 开头	故障说明
P3447	气缸 6 排气门控制—电路低
P3434	气缸 5 停缸系统/进气门控制—性能问题
P3494	气缸 12 排气门控制—性能问题
P3445	气缸 6 排气门控制—电路开路

续表

P3437	气缸 5 排气门控制—电路开路
P3400	爆震传感器—信号错误
P3410	凸轮轴位置(CMP)传感器,排气端—信号错误
P3425	气缸 4 停缸系统/进气门控制—电路开路
P3401	气缸 1 停缸系统/进气门控制—电路开路
P3435	气缸 5 停缸系统/进气门控制—电路低
故障代码 B 开头	故障说明
B1342	ECU(气囊控制模块,RCM)故障
B0053	第 2 排左安全带传感器（子错误）
B0050	司机安全带传感器（子错误）
B007F	乘客安全带预紧器 C—启动控制（子错误）
B00A1	乘员位置系统（子错误）
B0099	翻车传感器（子错误）
B00B1	司机座椅乘员分类传感器 B（子错误）
B00B6	司机座椅斜椅位置约束传感器（子错误）
B0078	第 3 排右安全带预紧器—启动控制（子错误）
B00B2	司机座椅乘员分类传感器 C（子错误）
故障代码 U 开头	故障说明
U0313	软件与电池能量控制模块 B 不兼容
U0541	从诱捕控制模块 B 收到无效数据
U0137	与雷尔刹车(Trail Brake)控制模块通讯丢失
U010C	与涡轮/超级增压器控制模块 A 通讯丢失
U017D	与(气囊)约束系统传感器 N 通讯丢失
U0423	从仪表盘控制模块收到无效数据
U0446	从发车身控制模块 E 收到无效数据
U0295	与交流转交流换流器控制模块通讯丢失
U0565	从摄像机模块收到无效数据（后）

续表

U0592	从换挡控制模块 B 收到无效数据
故障代码 C 开头	故障说明
C0081	防抱死刹车系统（ABS）故障指示灯（子错误）
C0036	左后音轮（子错误）
C0086	车辆动态指示灯（子错误）
C003B	右后轮速度传感器电源（子错误）
C0047	刹车助力器压力传感器（子错误）
C003A	右后轮速度传感器（子错误）
C001C	右后入口控制（子错误）
C1946	前排司机座椅轨道位置开关开路
C0011	左前出口控制（子错误）
C0031	左前轮速度传感器（子错误）

电控系统主要元件故障与发动机故障现象之间关系表见表6-3。

表6-3　电控系统主要元件故障与发动机故障现象之间关系表

序号	元件名称	发动机故障现象
1	ECU	发动机不能启动,发动机性能失常
2	空气流量计	发动机启动困难,发动机性能失常,怠速不稳,加速时回火、放炮,油耗大,爆燃
3	进气管绝对压力传感器	发动机启动困难,发动机性能失常,怠速不稳,油耗大
4	大气压力传感器	发动机性能不良,怠速不稳
5	节气门位置传感器	发动机启动困难,怠速不稳,发动机性能不良,易熄火
6	进气温度传感器	怠速不稳,发动机性能不良,易熄火,油耗大,混合气过浓
7	水温传感器	发动机启动困难,怠速不稳,发动机性能不良,易熄火
8	怠速控制阀	发动机启动困难,怠速不稳,发动机失速
9	P/N、P/S、A/C 开关	发动机不能启动,怠速不稳,易熄火
10	曲轴位置传感器	发动机不能启动,加速不良,怠速不稳,间歇性熄火
11	喷油器	发动机启动困难,发动机工作不稳,易熄火,怠速不稳

续表

序号	元件名称	发动机故障现象
12	冷启动正时开关	冷启动困难,混合气过浓,怠速不稳
13	冷启动喷油器	冷启动困难,怠速不良,混合气过浓,油耗大,排放污染增加,间歇性熄火
14	燃油泵	发动机不能启动,发动机运转中熄火
15	燃油压力调节器	发动机启动困难,发动机性能不良,怠速不稳易熄火
16	燃油滤清器	发动机不能启动,发动机运转不稳
17	节气门	发动机不能启动或启动困难,发动机性能不良
18	氧传感器	发动机性能不良,怠速不稳,油耗大,排放污染增加,空燃比失常
19	曲轴箱通风阀	发动机不能启动或启动困难,怠速不稳或无怠速,加速不良,油耗大
20	EGR 阀	发动机过热,发动机不能启动或启动困难,发动机动力不足,减速熄火,爆燃,油耗大
21	活性炭罐电磁阀	发动机性能不良,怠速不稳,空燃比失常
22	爆燃传感器	爆燃,点火正时失准,发动机工作不稳
23	点火线圈	发动机不能启动,无高压火花,次级电压过低
24	点火控制器	发动机不能启动,无高压火花,次级电压过低,怠速不良
25	点火信号发生器	发动机不能启动,发动机工作不稳,怠速不稳,易熄火
26	可变配气相位电磁阀	发动机抖动,爆燃,怠速不稳,发动机动力不足,三元催化转换器损坏

【任务实施】

任务名称			
班　级		姓　名	
地　点		日　期	
成　员			

一、任务准备

1.设备准备

带有传感器和执行器的发动机、整车等。

2.工量具准备

跨接线、数字万用表、手动真空泵、燃油压力表、喷油器清洗仪、故障诊断仪、示波器、信号模拟检验仪、发动机综合测试仪等。

二、过程记录

	活动名称	任务要点记录	使用资源记录	本人角色
基本元件识别	1.传感器			□安全员 □操作员 □记录员 □观察员
	2.执行器			□安全员 □操作员 □记录员 □观察员

续表

活动名称		任务要点记录	使用资源记录	本人角色
故障灯读取和清除	1.仪表指示灯			□安全员 □操作员 □记录员 □观察员
	2.故障码读取前准备			□安全员 □操作员 □记录员 □观察员
	3.故障码的读取			□安全员 □操作员 □记录员 □观察员
	4.故障码的清除			□安全员 □操作员 □记录员 □观察员

【评价与考核】

序号	作业项目	考核内容	评分标准	配分	扣分
1	作业安全职业操守	能进行工位 7S 操作	□整理、整顿(0.5分) □清理、清洁(1分) □素养、节约(0.5分) □安全(1分)	3	
		能进行设备和工具安全检查	□检查作业所需要的工具设备是否完备(1分) □检查作业环境是否配备灭火器(1分) □检查举升机举升情况是否正常(1分)	3	
		能进行安全用电操作	□作业过程中做到远离油液(1分) □正确连接实训供电设备(1分) □正确操作用电设备(2分)	4	
		能进行工具清洁校准存放操作	□使用工具前对工具、量具进行校准(1分) □使用工具后对工具、量具进行清洁(1分) □作业完成后对工具进行复位(1分)	3	
2	基本元件的识别	准确指出各种传感器的位置	□指出位置不正确扣1~10分	20	
		准确指出各种执行器的位置	□指出位置不正确扣1~10分		
3	仪表指示灯读取	读取故障指示灯	□不能正确打开启动开关扣1~4分 □不能正确读取故障指示灯扣1~4分	8	
4	诊断前准备	检查发动机温度、测量蓄电池电压等	□不观察发动机温度扣1~5分 □不测量蓄电池电压扣1~5分 □不切断所有用电设备电源扣1~5分 □不将变速器挂入P挡扣1~5分	20	
5	故障码读取	传输线的接法	□不能正确连接诊断仪扣1~3分	3	
		观察指示灯情况,记录故障码	□不观察指示灯情况扣1~2分 □不能正确读取故障码扣1~5分	7	
		退出诊断仪	□不能正确拆线并退出诊断仪扣1~2分	2	

续表

序号	作业项目	考核内容	评分标准	配分	扣分
6	故障码的清除	按步骤清除故障码	□不能正确打开点火开关,进入系统扣1~4分	15	
			□不能正确选取所需诊断系统扣1~4分		
			□不能正确进入故障码调取功能,显示故障码并清除扣1~5分,		
			□不会正确退出诊断系统扣1~2分		
7	信息录入资料应用资讯检索	能正确使用维修手册查询资料	□能正确查询故障码(3分)	6	
		能在规定时间内查询所需资料	□能在规定时间内查询所需资料(3)		
8	工具及设备的使用能力	岗位所需工具设备的使用能力	□能正确使用万用表(2分)	6	
			□能正确使用示波器(2分)		
			□能正确使用故障诊断仪(2分)		
合　计				100	

【实训报告单】

<table>
<tr><td colspan="6" align="center">实训报告单</td></tr>
<tr><td>科　目</td><td></td><td>班　级</td><td></td><td>学生姓名</td><td></td></tr>
<tr><td>实训项目</td><td colspan="5"></td></tr>
<tr><td>实训任务</td><td colspan="5"></td></tr>
<tr><td>实训器材</td><td colspan="5"></td></tr>
<tr><td>实训内容</td><td colspan="5"></td></tr>
<tr><td>体会或建议</td><td colspan="5"></td></tr>
<tr><td>实训结果</td><td colspan="5">自评_____　　　互评_____　　　师评_____</td></tr>
</table>

指导教师_____　　　　　　　　　　　时间_____

【作业】

一、填空题

1. ⚙️警示符号表示_____。

2. 汽车发动机电子控制系统是由_____、电子控制单元(ECU)和执行器三部分组成。

3. 汽车电控系统的执行元件主要有_____、_____、怠速控制阀、节气门控制阀电动机等。

4. 发动机正常工作时,ECU根据发动机的_____和_____信号确定基本点火提前角。

5. 凸轮轴位置传感器一般分为普通传感器、_____传感器和磁感应式传感器。

二、选择题

1. 发动机工作时,随着冷却液温度提高,爆燃倾向(   )。
   A. 不变 　　　　 B. 增大 　　　　　 C. 减小 　　　　　　 D. 与温度无关

2. ECU根据(   )信号对点火提前角实行反馈控制。
   A. 水温传感器 　　　　　　　　 B. 曲轴位置传感器
   C. 爆燃传感器 　　　　　　　　 D. 车速传感器

3. 点火线图初级电路的接通时间取决于(   )。
   A. 断电器触点的闭合角 　　　　 B. 发动机转速
   C. 发动机负荷 　　　　　　　　 D. 发动机气缸数

4. 发动机工作时,ECU根据发动机(   )信号确定最佳闭合角。
   A. 转速信号 　　 B. 电源电压 　　 C. 冷却液温度 　　 D. A和B

5. 电控燃油喷射发动机燃油系统压力,多点喷射系统的压力一般为(   )。
   A. 7~103 kPa 　　 B. 7~690 kPa 　　 C. 62~69 kPa 　　 D. 207~275 kPa

三、思维拓展

简述电控燃油喷射控制系统中的怠速控制原理。

项目七 | 空气点火部件检测与更换

【项目描述】

　　一辆科鲁兹的车主反映最近启动车辆时,出现启动机工作而发动机不能启动的情况,但是过一段时间后,车辆又能够正常启动。现已排除车辆其他部位的故障嫌疑,怀疑是火花塞的故障,应对该车的火花塞进行检修。本项目包含进气温度传感器的检测、空气流量计的检测、点火线圈的检测、火花塞的检测 4 个任务,其中,对汽车点火部件的检测与更换为项目学习重点。

【项目内容】

任务名称	主要内容
任务一　进气温度传感器的检测	进气温度传感器的检测与更换
任务二　空气流量计的检测	空气流量计的检测与更换
任务三　点火线圈的检测	点火线圈的检测与更换
任务四　火花塞的检测	火花塞的检测与更换

【项目目标】

　　1.能说出点火部件的作用。

　　2.能够检测点火部件。

　　3.在操作过程中,树立学生常备不懈的安全操作意识和安全用电常识,培养学生踏实、肯干、肯钻研的工作态度和良好的岗位职责意识。

　　4.培养学生的环保意识,能对实训后的垃圾进行合理分类。

【知识储备】

一、进气温度传感器

1.进气温度传感器的安装位置识别

进气温度传感器通常安装在空气滤清器之后的进气软管上或空气流量传感器上,

在部分涡轮增压发动机上与增压压力传感器集成在一起安装于涡轮增压器后方的增压进气管道上,有的还在空气流量传感器和谐振腔上各安装一个,以提高喷油量的控制精度。

2.进气温度传感器的作用

进气温度传感器的作用是测量进入进气歧管内气体的温度。在体积流量型进气系统中,电控单元(ECU)根据进气温度对喷油量进行修正,以获得最佳的空燃比。

3.进气温度传感器的工作原理

进气温度传感器的结构如图7-1所示,主要由塑料外壳、防水插座、垫圈、热敏电阻等组成。

进气温度传感器采用负温度系数的热敏电阻作为检测元件,为准确测量进气温度,常用塑料外壳加以保护,以防安装部位的温度影响传感器的工作精度。

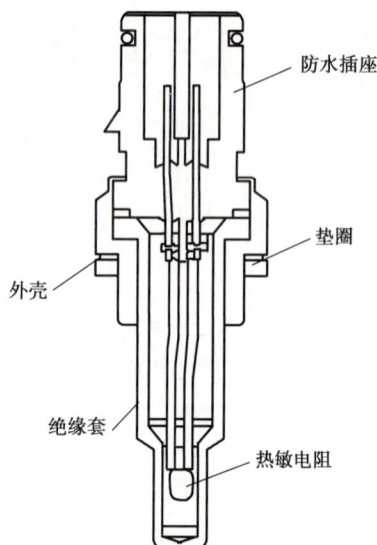

图7-1 进气温度传感器结构

4.温度传感器的检测方法

进气温度传感器出现故障,会导致混合气过浓或过稀,使燃烧变坏,出现工作不稳定的情况,这时应该检查进气温度传感器,检测方法如下。

方法1 单体检测

①关闭点火开关,断开进气温度传感器线束连接器,拆下进气温度传感器。

②用制冷剂或压缩空气对进气温度传感器降温,也可采用放入水中降温的方法对传感器进行降温。

③用万用表电阻挡测量传感器两端子间的电阻,其电阻随温度变化而变化的规律应与图7-2所示的特性曲线的变化规律一致。

方法2 在线检测的方法

①拔下传感器插头,接通点火开关,测量插头上3#端子与搭铁之间的电压为5 V,若无电压,应检查ECU连接器上3#端子与搭铁之间电压。若此处电压为5 V,则说明ECU与传感器之间线路断路;若无5 V电压,则说明ECU有故障。

②插回插件,启动发动机,测量传感器3#端子与搭铁之间在不同温度下的电压,应在0.5~4 V变化(车型不同略有差异,但变化规律基本上是相同的)。

③如果测量值与规定值不符,说明进气温度传感器有故障或者损坏,应重换新件。

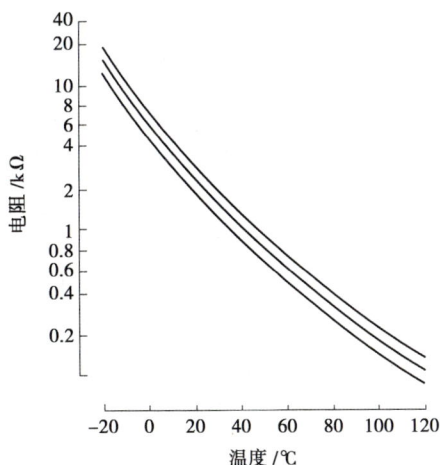

图 7-2　进气温度传感器电阻特性曲线

二、空气流量计

1.进气温度传感器的安装位置识别与工作原理

（1）工作原理

在发动机的空气滤清器和节气门体之间放置一个发热体和一个温度传感器,空气流经发热体时会带走热量,使得发热体变冷,发热体上流过的空气量越多,被带走的热量也越多,温度传感器感应到温度的变化并将这一变化送给发动机控制单元,发动机控制单元根据温度变化计算出空气流量。热线式空气流量计就是根据这一原理制成的,如图 7-3 所示。

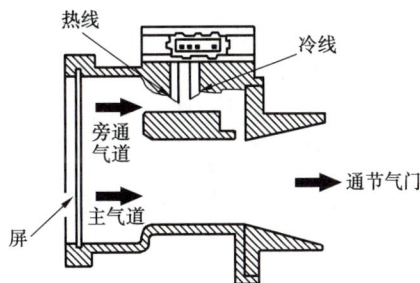

图 7-3　热线式空气流量计

（2）安装位置及具体介绍

热线式空气流量传感器根据其电热体放置的位置不同,可分为主流式(热线电阻安装在主进气道中)和旁通式(热线电阻安装在旁通气道中)两种。

热线式空气流量传感器的电热体是铂丝。空气流量计内有一个暴露在进气气流中的加热式铂丝,通过向铂丝施加规定的电流,ECM 即可将其加热到指定的温度。进气气流可冷却铂热丝和内部热敏电阻,从而改变它们的电阻值。为保持稳定的电流值,ECM 改变施加到铂丝和内部热敏电阻的电压。电压值与通过传感器的空气流量成比例,而 ECM 会利用该值来计算进气量。铂热丝和温度传感器形成桥式电路,并且通过控制晶体管,使 A 和 B 之间的压差保持相等来维持预定温度。

为防止热线粘有沉积物而影响传感器的测量精度,热线主流式空气流量传感器设有自洁功能,即在每次发动机熄火后约 5 s,发动机 ECU 使热线通过较大的电流脉冲

4 号端子　2 号端子

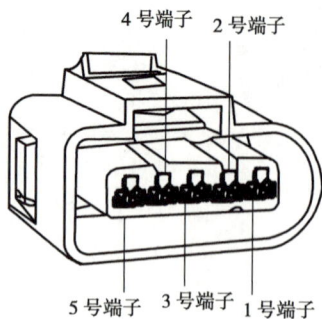

5 号端子　3 号端子　1 号端子

图 7-4　空气流量传感器插头

（约 1 s），使热线迅速升温至 1 000 ℃ 左右，以便烧掉热线上的沉积物。

2.空气流量计的检测

（1）空气流量计的供电检测

关闭点火开关，断开空气流量传感器插头，传感器插头如图 7-4 所示。打开点火开关，使用万用表直流电压挡测量传感器头 E14 的 3# 端子和搭铁之间的电压应为 11~14 V；否则检测传感器 3# 端子与 1 号继电器之间的线束。

（2）传感器线束的检查（传感器 3# 端子与 1 号继电器之间）

关闭点火开关，断开空气流量传感器插头，再从发动机室继电器盒和接线盒总成上拆下 1 号继电器，用万用表测量 1 号继电器 1 A 插头 8# 端子和传感器插头 E14 的 3# 端子电阻应小于 10 Ω，再用万用表千欧挡检测传感器插头 E14 的 3# 端子或 1 号继电器插头 1 A 的 8# 端子与车身接地之间的电阻，应为 10 kΩ 或更大。

（3）其他传感器线束的检查

关闭点火开案，断开空气流量计和发动机 ECU 端子，根据所检测的线束及搭铁之间的电阻，检查如果不符合，则修理或更换线束。

（4）空气流量计的单体检测

拆下空气流量计总成，目视检查空气流量计分总成的铂热丝上是否有异物。如有异物，则更换传感器总成。

检查内置空气流量计中的进气温度传感器电阻。插头 E14 的 1# 端子为进气温度传感器信号输出端子，2# 端子为接地端。如果检查不符合规定，则应更换空气流量计总成。

三、点火线圈

1.点火线圈的作用及工作原理

（1）点火线圈的作用

点火线圈是产生点火所需高压电的一种变压器，它将 12 V 的低压电转变成 15~20 kV 的高压电。但点火线圈的工作方式却与普通变压器不一样，普通变压器是连续工作的，而点火线圈则是断续工作的，它根据发动机不同的转速以不同的频率反复进行储能及放能。

（2）点火线圈的工作原理

在电控发动机中，点火线圈通常分为双缸式点火线圈和独立式点火线圈。

• 双缸式点火线圈

双缸式点火方式是指两个气缸合用一个点火线圈，即一个点火线圈有两个高压输出端，分别与火花塞相连，负责对两个气缸同时点火。无分电器双缸式点火线圈的工作原理如图7-5所示(以4缸发动机为例),内部初级绕组由两个晶体管分别控制搭铁,共用一根电源线。

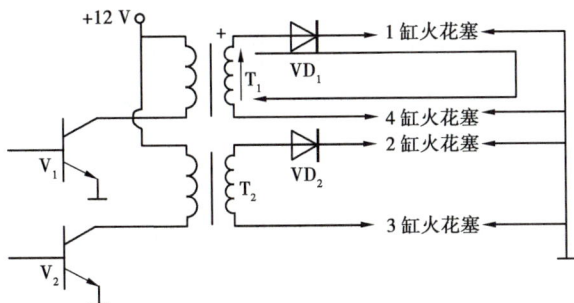

图 7-5　点火线圈配电方式

无分电器双缸式点火线圈的工作原理:

V_1为1缸、4缸点火控制三极管;V_2为2缸、3缸点火控制三极管;VD_1为1缸、4缸高压二极管;VD_2为2缸、3缸高压二极管;T_1为1缸、4缸点火线圈的次级绕组;T_2为2缸、3缸点火线圈的次级绕组。

当点火控制器中的控制回路使三极管V_1截止时,点火线圈初级绕组中的电流被切断,在次级绕组T_1中感应出上"+"下"-"的高压电,此高压电同时击穿1缸、4缸的火花塞电极间的气体,产生高压火花,火花塞跳火。在两缸同时点火的过程中,压缩行程气缸的点火为有效点火,而排气行程气缸的点火为无效点火。发动机2缸、3缸的同时点火工作原理与上述相同。

●独立式点火线圈

独立式点火线圈是指每一个气缸分配一个点火线圈,即点火线圈和输出放大器集成在一个部件上,点火线圈直接安装在火花塞的顶上。

2.点火线圈的检修

点火线圈的故障主要有初、次级绕组断路、短路和搭铁,绝缘盖破裂漏电,附加电阻烧断或短路等。

(1)直观检查

绝缘盖表面要求色泽均匀,表面光洁无气泡、杂质等缺陷,绝缘盖与壳体封装应良好,周围不得有绝缘物溢出;各接线柱焊接应牢固,高压插座孔螺钉应密封可靠,高压线插头应能顺利插入和拔出;支架、接线插片、橡皮套、螺钉、螺母、垫片等可拆卸零件应完整无损,绝缘盖、外壳不得有裂纹。

(2)初、次级绕组断路、短路和搭铁的检查

用万用表的电阻挡测量点火线圈初、次级绕组以及附加电阻的电阻值。电阻值在制造厂规定的范围之内,表明点火线圈良好,否则说明有故障。用交流试灯检查初级绕组与外壳是否搭铁,将交流试灯的一只测试头接初级绕组接线柱,另一只测试头接外壳,如试灯亮,表示初级绕组与外壳搭铁;如不亮,表示正常。

点火线圈经上述检查后,还必须进行发火强度试验,才能确定其工作性能的好坏。试验点火线圈的发火强度,可就车进行试验,也可在汽车电器试验台或点火系统试验台上进行。

就车试验时,蓄电池必须充足电,使发动机在 3 000 r/min 下空转,拔下某缸火花塞的高压线,使其端头距缸体 5~6 mm 以上,若火花连续无间断,为点火线圈性能良好;否则为性能不良。

(3)点火线圈的修理

点火线圈表面潮湿留下尘垢或导电杂质时,使用中就会出现表面爬电形成的炭路,失去点火功能。可用砂布擦去炭化表面,打光后再涂上环氧树脂胶或绝缘清漆,干涸后不爬电即可使用。

高压插座端部缺损、低压接线柱松脱、点火线圈漏油及内部发生故障时应予更换。

四、火花塞

1.火花塞的作用及结构

(1)火花塞的作用

火花塞用于将火线圈或磁电机产生的脉冲高压电引入燃烧室,并在其两个电极之间产生电火花,以点燃可燃混合气。

(2)火花塞的构造

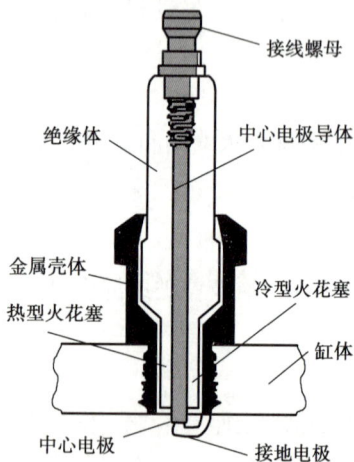

图 7-6 火花塞的结构

火花塞拧装在发动机气缸盖的螺孔内,下部电极伸入燃烧室。火花塞主要由中心电极、侧电极、绝缘瓷体、壳体、导电玻璃、导电金属杆、紫铜内垫圈和密封垫圈等组成,结构如图 7-6 所示。

在钢质壳体内部固定有高氧化铝陶瓷绝缘体,在绝缘体中心孔的上部有金属杆,杆的上端有接线螺母,用来接高压导线;下部有中心电极。金属杆与中心电极之间用导电玻璃密封,铜质内垫圈起密封和导热作用。壳体的上部有便于拆装的六方,下部有螺纹以备拧装在发动机气缸盖内,并采用了氧化处理或其他防锈镀层,以提高其耐腐蚀性。壳体的下端面固定有弯曲的侧电极。火花塞在装入火花塞孔时,需加多层密封垫圈或铜包石棉垫圈以保证密封。中心电极用镍锰合金钢制成,具有良好的高导电、导热性,并具有很强的耐高温、耐化学腐蚀和抗氧化性能,有较长的使用寿命。

火花塞中心电极与侧电极之间的间隙,称为火花塞间隙。火花塞间隙对火花塞及发动机的工作性能均有很大影响。间隙过小,火花微弱,并容易产生积炭而漏电;间隙过大,火花塞击穿电压高,发动机不易启动,且在高速时容易发生"缺火"现象。因此,火花塞间隙的大小应适当。在传统点火系统中,火花塞间隙一般为 0.7~0.9 mm,但若采用电子点火时,则间隙增大到 1.0~1.2 mm。火花塞间隙的调整可扳动侧电极来实现。

（3）火花塞的热特性

发动机工作时火花塞绝缘体裙部的温度若保持在 500~600 ℃,落在绝缘体裙部的油粒能立即被烧掉,不容易产生积炭。这个温度称为火花塞的自净温度。若裙部温度低于自净温度,落在绝缘体裙部的油粒不能立即烧掉,形成积炭而漏电,将使火花塞间隙不能跳火或火花微弱。若裙部温度过高超过 800~900 ℃时,当混合气与炽热的绝缘体接触时,可能在火花塞间隙跳火之前自行着火,称为炽热点火。炽热点火将使发动机出现早燃、爆燃、化油器回火等不正常现象。因此,无论哪一种类型的发动机,在发动机工作时,火花塞裙部的温度都应该保持在自净温度的范围内。但是,各种发动机气缸内的燃烧状况是不同的,所以气缸内的温度也不尽相同,这就要求配用不同热特性的火花塞。火花塞的热特性主要决定于绝缘体裙部的长度。不同的发动机,当气缸内温度及温度分布状况相同时,火花塞绝缘体裙部越长,其受热面积越大,且传热距离越长,散热困难,火花塞裙部的温度越高,这种火花塞称为"热型"火花塞,它适用于低速、低压缩比的小功率发动机。相反,火花塞绝缘体裙部越短,其受热面积越小,且传热距缩短,容易散热,火花塞裙部的温度越低,这种火花塞称为"冷型"火花塞,它适用于高速、高压缩比大功率的发动机。裙部长度借于冷型与热型之间的火花塞,称为普通型火花塞。

2.火花塞的检修

（1）火花塞的常见故障及原因

火花塞的常见故障有过热、积炭、电极严重烧蚀、漏气、绝缘体破裂和侧电极开裂等。

● 过热

火花塞裙部正常温度应当在 450~850 ℃,当火花塞裙部的温度超过 900 ℃时,就称为火花塞过热,容易出现炽热点火,使发动机的工况严重恶化。

当火花塞裙部呈棕褐色时,表明温度正常;当火花塞裙部呈灰白色时,表明温度过高,火花寨过热;当火花塞裙部出现金属状熔珠时,表明严重过热。

引起火花塞过热的原因可分两类:一类是火花塞本身的原因,另一类是火花塞本身以外的原因。

火花塞本身的原因有:火花塞的热值太小;火花塞安装固定不牢固,影响火花塞经气缸盖肩外散热,使火花塞散热不良;火花塞漏气或火花塞与气缸盖之间因密封不良而漏气等。

火花塞以外的原因有:点火提前角过大;进入气缸内的可燃混合气过浓;发动机散热不良等,火花塞过热时,特别是因过热而造成炽热点火时,必须尽快找出原因排除故障。

● 严重积炭

积炭是由于气缸内游离碳在火花塞上的沉积所造成的,当火花塞积炭时,会引起高压电的泄漏使火花塞的电火花变得微弱,甚至无火。火花塞严重油污时,也会出现与严重积炭相同的故障。引起火花塞积炭的主要原因有:进入气缸的可燃混合气过浓、发动机窜机油或火花塞裙部温度过低等。

可燃混合气过浓时,燃料不能充分燃烧,油污和游离碳会大量沉积在火花塞上。

火花塞裙部温度过低时,则不能较充分地烧除油污和积炭。火花塞裙部温度过低的主要原因是火花塞热值太大。应选用热值较小的火花塞。

• 电极严重烧蚀

火花塞的两电极在工作中会逐渐有所烧蚀,在定期保养时应对电极间隙进行调整,使烧蚀后的两电极保持规定的间隙。当两电极严重烧蚀,使电极间隙难以调整合格时,应更换火花塞。

• 漏气

火花塞漏气通常是由于绝缘体与壳体之间松动或绝缘体与中心电极之间松动引起的。当外露的绝缘体上出现明显的黑色条纹时,通常表明火花塞严重漏气。

(2)火花塞的清洁与调整

• 火花塞的清洁

如出现积炭,可对火花塞进行清洁。清洁火花塞的主要内容有:清理螺纹积垢、清洗火花塞表面和清除火花塞积炭等。清理火花塞螺纹积垢,可用刷丝直径小于 0.15 mm 的锅丝刷刷去螺纹中的积垢。火花塞表面则应用汽油或酒精清洗,应清洗火花塞的全部表面,保证瓷芯与壳体内腔无异物。火花塞积炭的正确清除方法是用火花塞清洁器喷砂的方法来清除。如无条件可采用非金属刮片清除,不应用金属刮片或用钢丝刷清除。

• 火花塞间隙的检查与调整

火花塞间隙一般为 0.7~0.9 mm,检查调整前应了解本车火花塞的有关数据。测量时应用钢丝式专用量规,不得使用普通塞尺。火花塞间隙不符合规定数值时,可用专用工具弯曲侧电极进行调整。火花塞在使用中应定期更换,以确保点火系统的性能。如出现过热、严重烧蚀、绝缘体破裂漏气、侧电极开裂等现象时也应更换火花塞。

(3)火花塞的拆装

火花塞的拆装步骤如下。

①待发动机冷却后,清理点火线圈及其附近的灰尘和油污,然后拔下点火线圈的线束插头,用套筒拧下点火线圈的紧固螺栓。

②拔出点火线圈,用套筒把火花塞拧松。当旋松火花塞后,用一根细软管逐一吹净火花塞周围的污物,以防火花塞旋出后污物落入燃烧室内。

③将之前拆下来的点火线圈插入拧松的火花塞上,将火花塞取出。

④安装火花塞时,先将火花塞放到套筒里,然后使用扭力扳手紧固火花塞,一般火花塞拧紧力矩为 20 N·m。

【任务实施】

任务名称			
班　级		姓　名	
地　点		日　期	
成　员			

一、任务准备

1.设备准备

发动机、进气温度传感器、空气流量计、点火线圈、火花塞等。

2.工量具准备

万用表、试灯、扳手、长接杆、六角套筒等。

二、过程记录

活动名称		任务要点记录	使用资源记录	本人角色
进气温度传感器	进气温度传感器的检测			□安全员 □操作员 □记录员 □观察员

续表

活动名称		任务要点记录	使用资源记录	本人角色
空气流量计	空气流量计的检测			□安全员 □操作员 □记录员 □观察员
点火线圈	点火线圈的检测			□安全员 □操作员 □记录员 □观察员
火花塞	火花塞的检测			□安全员 □操作员 □记录员 □观察员

【评价与考核】

序号	作业项目	考核内容	评分标准	配分	扣分
1	作业安全职业操守	能进行工位 7S 操作	□整理、整顿(0.5分) □清理、清洁(1分) □素养、节约(0.5分) □安全(1分)	3	
		能进行设备和工具安全检查	□检查作业所需要的工具设备是否完备(1分) □检查作业环境是否配备灭火器(1分) □检查举升机举升情况是否正常(1分)	3	
		能进行车辆安全防护操作	□正确安装车辆翼子板布(1分) □正确安装车内三件套(1分) □正确安装车轮挡块(1分)	3	
		能进行工具清洁校准存放操作	□使用工具前对工具、量具进行校准(1分) □使用工具后对工具、量具进行清洁(1分) □作业完成后对工具进行复位(1分)	3	
		能进行三不落地操作	□作业过程做到油液不落地(1分) □作业过程做到水液不落地(1分) □作业过程做到工具不落地(1分)	3	
2	进气温度传感器的拆装及检测	进气温度传感器的认识	□不认识进气温度传感器扣1~3分	15	
		进气温度传感器的检测	□不会使用万用表测量电阻扣1~6分		
			□不会对比查看传感器两端电阻随温度的变化曲线扣1~6分		
3	空气流量计拆装及检测	空气流量计的认识	□不认识空气流量计扣1~3分	15	
			□不能区分空气流量计的类别扣1~6分		
		空气流量计的检测	□不能用万用表检测空气流量计扣1~6分		
4	点火线圈的拆装及检测	点火线圈的认识	□不认识点火线圈扣1~3分	22	
			□不能区分点火线圈的类别扣1~3分		
		点火线圈的检测	□不检查点火线圈外观扣1~4分		
			□不会使用试灯检测点火线圈扣1~6分		
			□不会就车试验检测点火线圈扣1~6分		

续表

序号	作业项目	考核内容	评分标准	配分	扣分
5	火花塞的拆装及检测	火花塞的认识	□不认识火花塞扣1~3分	23	
			□不能说出火花塞各部分名称扣1~4分		
		火花塞的检测	□不清洁和观察火花塞故障现象扣1~4分		
		百分表读数	□不会使用塞尺测量火花塞间隙扣1~6分		
		数据记录	□不会使用工具拆装火花塞扣1~6分		
6	信息录入资料应用资讯检索	能正确使用维修手册查询资料	□查询进气温度传感器扭矩规格(0.5分)	6	
			□查询空气流量计扭矩规格(0.5分)		
			□查询点火线圈扭矩规格(0.5分)		
			□查询火花塞扭矩规格(0.5分)		
		能正确使用用户手册查询资料	□查询火花塞更换周期(1分)		
		能在规定时间内查询所需资料	□能在规定时间内查询所需资料(1分)		
		能正确记录所需信息	□能正确记录所需信息(1分)		
7	工具及设备的使用能力	岗位所需工具设备的使用能力	□能正确选用维修工具(1分)	4	
			□能正确使用维修工具拆装(1分)		
			□能正确使用预警式扭力扳手(1分)		
			□能正确使用火花塞测隙规(1分)		
合　计				100	

【实训报告单】

实训报告单					
科　目		班　级		学生姓名	
实训项目					
实训任务					
实训器材					
实训内容					
体会或建议					
实训结果	自评_____　　　　互评_____　　　　师评_____				

指导教师_____　　　　　　　　　　　　　　　时间_____

【作业】

一、填空题

1.要使发动机正常工作,火花塞绝缘体裙部的温度(自净温度)应保持_____。

2.点火线圈初级绕组切断电流后,在次级绕组中产生_____。

3.进气温度传感器的紧固螺栓的力矩一般为_____。

4.进气温度传感器的电阻属于_____系数电阻。

5.火花塞的冷热型是按照_____来分类的。

二、选择题

1.火花塞两极间的放电电压一般为(　　　)。

    A.220 V　　　　　　B.380 V　　　　　　C.1 000～1 200 V　　D.10 000～15 000 V

2.在拆卸火花塞时使用(　　　)工具。

    A.开口扳手　　　　B.火花塞套筒　　　　C.梅花扳手　　　　D.轮胎扳手

3.用万用表检测点火线圈时,用(　　　)挡,测量初级绕组两端的电阻值是否符合规定。

    A.R×1　　　　　　B.R×10　　　　　　C.R×100　　　　　　D.R×1 000

4.空气流量计常见的类型有(　　　)。

    A.热膜片　　　　　B.卡门漩涡式　　　　C.绝对压力式　　　D.热线式

5.对喷油量起决定性作用的传感器是(　　　)。

    A.空气流量计　　　　　　　　　　B.水温传感器

    C.氧传感器　　　　　　　　　　　D.节气门位置传感器

三、思维拓展

在表中填写火花塞(见下图)各部分的对应序号。

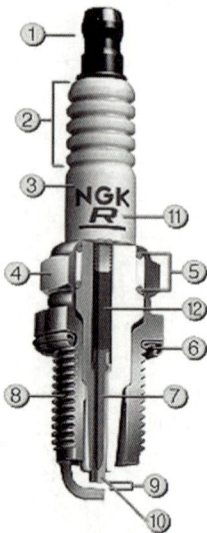

名　称	序　号
密封垫圈	
绝缘体	
中心电极	
导电金属杆	
裙部螺纹	

项目八 | 可变气门正时系统的检查与修理

【项目描述】

一台威朗轿车经客户反映不能着车,故障指示灯点亮,送修后经维修人员通过连接解码器检查,检测出与凸轮轴位置传感器和凸轮轴调整电磁阀相关的故障码,现需对凸轮轴位置传感器和凸轮轴调整电磁阀相关电路进行检查,确定故障部位并进行修理。本项目包含凸轮轴位置传感器的检查、凸轮轴调整电磁阀的检查两个任务,其中,对凸轮轴位置传感器和调整电磁阀的检查为项目学习重点。

【项目内容】

任务名称	主要内容
任务一　凸轮轴位置传感器的检查	1.凸轮轴位置传感器相关电路的识读; 2.凸轮轴位置传感器的检查
任务二　凸轮轴调整电磁阀的检查	1.凸轮轴调整电磁阀相关电路的识读; 2.凸轮轴调整电磁阀的检查

【项目目标】

1.根据实训车能正确查询、识读凸轮轴位置传感器的电路图,正确画出实训车型凸轮轴位置传感器的电路图,并注明针脚定义。

2.查询维修手册,确定实训车型凸轮轴位置传感器的检查内容,针对可能存在的故障点对凸轮轴位置传感器进行检查。

3.根据实训车能正确查询、识读凸轮轴调整电磁阀的电路图,正确画出实训车型凸轮轴调整电磁阀的电路图,并注明针脚定义。

4.查询维修手册,确定实训车型凸轮轴调整电磁阀的检查内容,针对可能存在的故障点对凸轮轴调整电磁阀进行检查。

5.培养学生的环保意识,使其能对实训后的垃圾进行合理分类。

【知识储备】

一、凸轮轴位置传感器相关电路的识读

如图 8-1 所示为发动机控制示意图(发动机数据传感器—凸轮轴及凸轮轴执行器(L3G 或 LFV))。

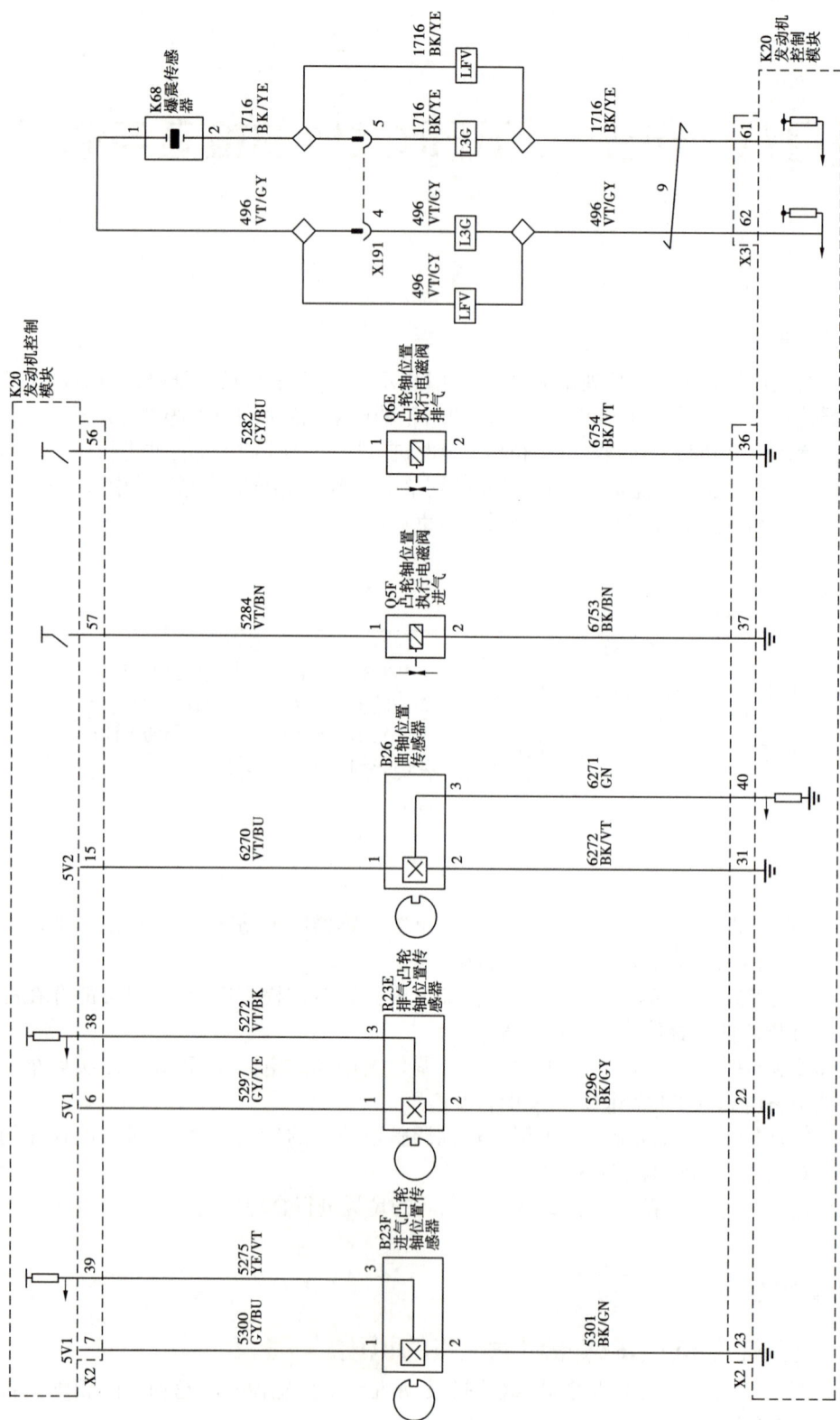

图 8-1 威朗 L3G 凸轮轴位置传感器电路图

每个凸轮轴位置传感器有 3 条电路,由 1 个发动机控制模块(ECM)提供电压的 5 V 参考电压电路、1 个低电平参考电压电路以及 1 个输出信号电路组成。

二、凸轮轴位置传感器电路的检查

①将点火开关置于"OFF(关闭)"位置,并关闭所有车辆系统,断开相应的 B23 凸轮轴位置传感器处的线束连接器。可能需要 2 min 才能让所有车辆系统断电。

②测试低电平参考电压电路端子 2 和搭铁之间的电阻是否小于 5 Ω。

● 如果等于或大于 5 Ω:将点火开关置于"OFF(关闭)"位置,断开 K20 发动机控制模块处的线束连接器。测试低电平参考电压电路端对端的电阻是否小于 2 Ω。如果大于或等于 2 Ω,则修理电路中的开路/电阻过大故障。如果等于或小于 2 Ω,则更换 K20 发动机控制模块。

● 如果小于 5 Ω:进行下一步操作。

③将点火开关置于"ON(打开)"位置。

④测试 5 V 参考电压电路端子 1 和搭铁之间的电压是否为 4.8~5.2 V。

● 如果小于 4.8 V:将点火开关置于"OFF(关闭)"位置,断开 K20 发动机控制模块处的线束连接器。

测试 5 V 参考电压电路和搭铁之间的电阻是否为无穷大。如果电阻不为无穷大,则修理电路中对搭铁短路故障。如果电阻为无穷大。测试 5V 参考电压电路端对端的电阻是否小于 2 Ω,如果大于或等于 2 Ω,则修理电路中的开路/电阻过大故障;如果小于 2 Ω,则更换 K20 发动机控制模块。

如果大于 5.2 V:将点火开关置于"OFF(关闭)"位置,断开 K20 发动机控制模块处的线束连接器,再将点火开关置于"ON(打开)"位置。

测试 5 V 参考电压电路和搭铁之间的电压是否小于 1 V。如果等于或大于 1 V,则修理电路对电压短路故障。如果小于 1 V,则更换 K20 发动机控制模块。

● 如果介于 4.8~5.2 V:进行下一步操作。

⑤测试信号电路端子 3 和搭铁之间的电压是否为 4.8~5.2 V。

● 如果小于 4.8 V:将点火升关置于"OFF(关闭)"位置,断开 K20 发动机控制模块处的线束连接器;测试信号电路和搭铁之间的电阻是否为无穷大,如果电阻不为无穷大,则修理电路中对搭铁短路故障。

如果电阻为无穷大,测试信号电路端对端的电阻是否小于 2 Ω,如果大于或等于 2 Ω,则修理电路中的开路/电阻过大故障;如果小于 2 Ω,则更换 K20 发动机控制模块。

● 如果大于 5.2 V:将点火开关置于"OFF(关闭)"位置,断开 K20 发动机控制模块处的线束连接器,再将点火开关置于"ON(打开)"位置。测试信号电路和搭铁之间的电压是否小于 1 V。如果等于或大于 1 V,则修理电路对电压短路故障;如果小于 1 V,则更换 K20 发动机控制模块。

• 如果介于 4.8~5.2 V：进行下一步操作。

⑥确认未设置 DTC P0341 或 P0366。如果设置了任何 DTC 检查是否存在表 8-1 中的情况。

表 8-1　异常情况

序　号	异常情况
1	B23 凸轮轴位置传感器或磁阻轮间隙过大或松动
2	B23 凸轮轴位置传感器安装不正确
3	B23 凸轮轴位置传感器和磁阻轮之间有异物通过
4	磁阻轮损坏
5	B23 凸轮轴位置传感器和磁阻轮之间的气隙过大
6	发动机机油中有碎屑
7	正时链条或皮带、张紧器和链轮磨损或损坏
8	B23 凸轮轴位置传感器和磁阻轮之间的间隙过大或松动

如果发现上述任何情况，则根据需要进行修理；如果所有部件测试均正常，则测试或更换 B23 凸轮轴位置传感器。

⑦如果未设置任何 DTC，测试或更换 B23 凸轮轴位置传感器。

三、凸轮轴调整电磁阀相关电路的识读

发动机运行时，凸轮轴位置执行器系统启用发动机控制模块（ECM）以改变凸轮轴正时。发动机控制模块（ECM）向各个凸轮轴位置执行器电磁阀提供专用脉宽调制（PWM）控制电路和低电平参考电压电路。发动机控制模块（ECM）通过控制电磁阀占空比的大小来操作各个凸轮轴位置的执行器电磁阀，以控制施加压力使凸轮轴提前或滞后的油流。

如图 8-2 所示为发动机控制示意图（凸轮轴调整电磁阀电路图）。

四、凸轮轴调整电磁阀的检查

1.电路检查

①将点火开关置于"OFF（关闭）"位置，并关闭所有车辆系统，断开相应的 Q6 凸轮轴位置执行器电磁阀的线束连接器。所有车辆系统断电可能需要 2 min 时间。

②测试低电平参考电压电路端子 2 或 B 和搭铁之间的电阻是否小于 5 Ω。

• 如果等于或大于 5 Ω：将点火开关置于"OFF（关闭）"位置，断开 K20 发动机控制模块的线束连接器。

测试低电平参考电压电路端对端电阻是否小于 2 Ω；如果大于或等于 2 Ω，则修理电路中的开路/电阻过大故障；如果小于 2 Ω，则更换 K20 发动机控制模块。

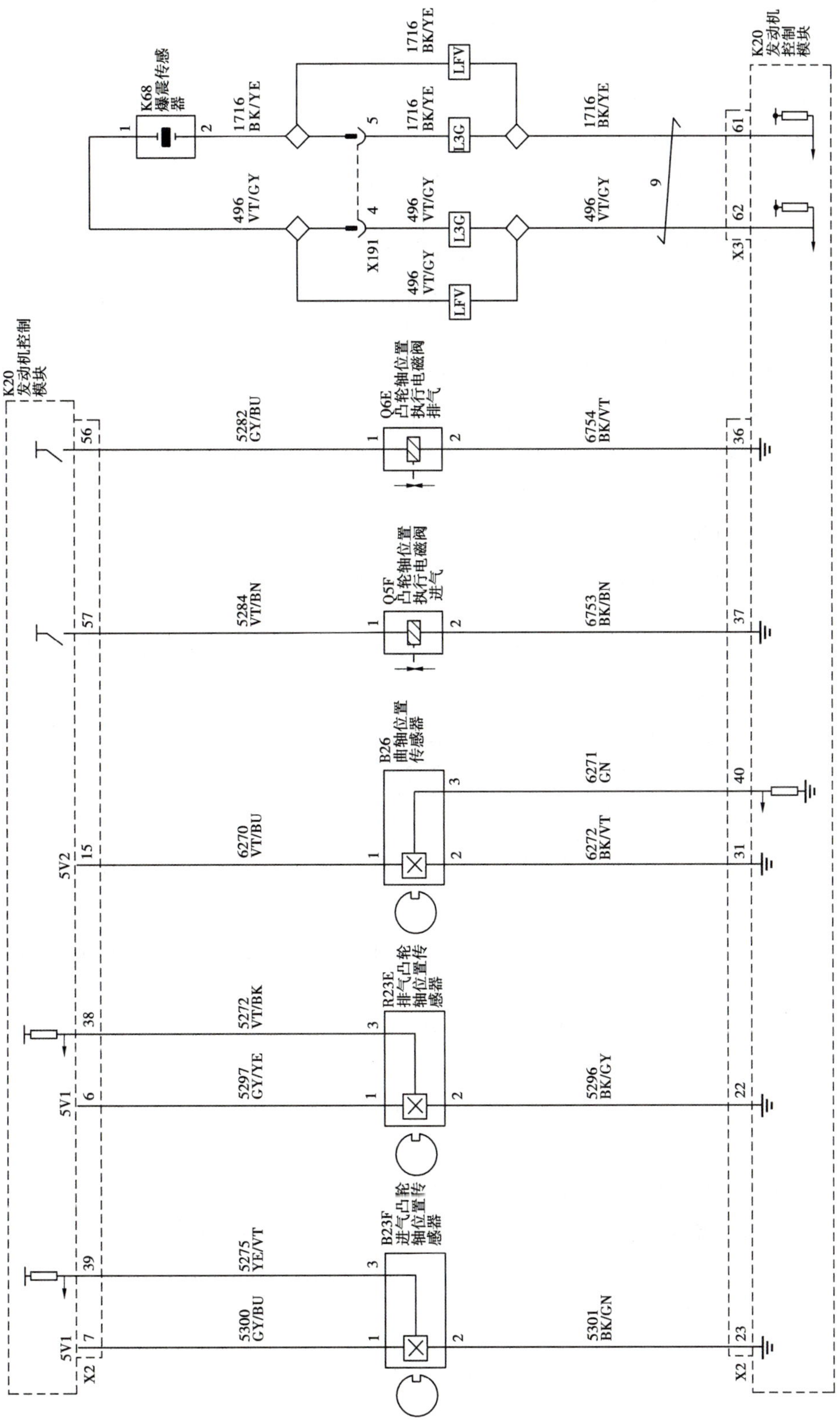

图 8-2　威明凸轮轴轴调整电磁阀电路图

● 如果小于 5 Ω：进行下一步操作。

③将点火开关置于"ON（打开）"位置。

注意：该测试必须使用测试灯。控制电路上拉至低电流电压，控制电路电压为 1.5～3.5 V 是正常的。

④确认控制电路端子 1 或 A 和搭铁之间的测试灯未点亮。

● 如果测试灯点亮：将点火开关置于"OFF（关闭）"位置，断开 K20 发动机控制模块的线束连接器，再将点火开关置于"ON（打开）"位置。

测试控制电路和搭铁之间的电压是否低于 1 V：如果等于或大于 1 V，则修理电路对电压短路故障；如果小于 1 V，则更换 K20 发动机控制模块。

● 如果测试灯未点亮：进行下一步操作。

⑤拆下测试灯。

⑥将数字式万用表（DMM）的黑色引线连接至控制电路端子 1 或 A，将红色引线连接至 B+。将数字式万用表设置在二极管挡。使用故障诊断仪指令凸轮轴位置执行器电磁阀接通和断开。

⑦确认数字式万用表（DMM）从指令断开时的过载（OL）转变为指令接通时的低于 1 V。

● 如果数字式万用表未按规定转变：将点火开关置于"OFF（关闭）"位置，断开 K20 发动机控制模块的线束连接器。

测试控制电路端对端电阻是否小于 2 Ω。如果等于或大于 2 Ω，则修理电路中的开路/电阻过大或对搭铁短路故障；如果小于 2 Ω，则更换 K20 发动机控制模块。

● 如果数字式万用表按规定转变：进行下一步操作。

⑧测试或更换 Q6 凸轮轴位置执行器电磁阀。

2.元件测试

①将点火开关置于"OFF（关闭）"位置，断开相应 Q6 凸轮轴位置执行器电磁阀的线束连接器。

②测试控制端子 1 或 A 和低电平参考电压电路端子 2 或 B 之间的电阻是否为7～12 Ω。

如果不在 7～12 Ω，更换 Q6 凸轮轴位置执行器电磁阀。

如果在 7～12 Ω：进行下一步操作。

③测试各个端子和 Q6 凸轮轴位置执行器电磁阀壳体之间的电阻是否为无穷大：如果电阻不为无穷大，更换 Q6 凸轮轴位置执行器电磁阀；如果电阻为无穷大，一切正常。

【任务实施】

任务名称			
班　级		姓　名	
地　点		日　期	
成　员			

一、任务准备

1.设备准备

威朗实训车辆、凸轮轴位置传感器、解码器等。

2.工量具准备

万用表、拆装工具等。

二、过程记录

活动名称		任务要点记录	使用资源记录	本人角色
一、凸轮轴位置传感器电路及原件检查	1.低电平参考电压电路检测			□安全员 □操作员 □记录员 □观察员
	2.5 V参考电压电路检测			□安全员 □操作员 □记录员 □观察员

续表

活动名称		任务要点记录	使用资源记录	本人角色
一、凸轮轴位置传感器电路及原件检查	3.信号电路检测			□安全员 □操作员 □记录员 □观察员
二、凸轮轴调整电磁阀电路检查	1.低电平参考电压电路检测			□安全员 □操作员 □记录员 □观察员
	2.控制电路检测			□安全员 □操作员 □记录员 □观察员
	3.元件检测			□安全员 □操作员 □记录员 □观察员

【评价与考核】

序号	作业项目	考核内容	评分标准	配分	扣分
1	作业安全职业操守	能进行工位7S操作	□整理、整顿(0.5分) □清理、清洁(0.5分) □素养、节约(0.5分) □安全(0.5分)	2	
		能进行设备和工具的安全检查	□检查作业所需要的工具设备是否完备(1分) □检查作业环境是否配备灭火器(1分) □检查设备用电情况是否正常(1分)	3	
		检测工具的使用	□能正确使万用表(2分) □正确使用解码器(2分)	4	
		能进行工具清洁校准存放操作	□使用工具前对工具、量具进行校准(1分) □使用工具后对工具、量具进行清洁(1分) □作业完成后对工具进行复位(1分)	3	
2	凸轮轴位置传感器相关电路的识读和拆画	凸轮轴位置传感器相关电路的识读	□能正确查询凸轮轴位置传感器相关电路(2分) □能正确识读凸轮轴位置传感器相关电路(2分)	4	
		凸轮轴位置传感器相关电路的拆画	□能正确拆画凸轮轴位置传感器相关电路(2分) □能正确标注凸轮轴位置传感器相关电路(2分)	4	
3	凸轮轴位置传感器检查	电路和元件检查	□能正确制定故障诊断策略(3分) □能正确定位元件及线路测量点(3分) □能正确测量元件及线路测量点(15分) □能正确制定故障点维修方案(3分) □能正确维修处理故障点(3分) □能正确确定故障症状已排除(3分)	30	
		数据记录	□能正确记录测量元件及线路测量点数据(5分)	6	
4	凸轮轴调整电磁阀相关电路的识读和拆画	凸轮轴调整电磁阀相关电路识读	□能正确查询凸轮轴调整电磁阀相关电路(2分) □能正确识读凸轮轴调整电磁阀相关电路(2分)	4	
		凸轮轴调整电磁阀相关电路拆画	□能正确拆画凸轮轴调整电磁阀相关电路(2分) □能正确标注凸轮轴调整电磁阀相关电路(2分)	4	

续表

序号	作业项目	考核内容	评分标准	配分	扣分
5	凸轮轴调整电磁阀检查	电路和元件检查	□能正确制定故障诊断策略(3分) □能正确定位元件及线路测量点(3分) □能正确测量元件及线路测量点(15分) □能正确制定故障点维修方案(3分) □能正确维修处理故障点(3分) □能正确确定故障症状已排除(3分)	30	
		数据记录	□能正确记录测量元件及线路测量点数据(6分)	6	
合　计				100	

【实训报告单】

实训报告单					
科　目		班　级		学生姓名	
实训项目					
实训任务					
实训器材					
实训内容					
体会或建议					
实训结果	自评_____		互评_____		师评_____

指导教师_____　　　　　　　　　　时间_____

【作业】

一、填空题

1.凸轮轴位置传感器主要用来采集_____,检测凸轮轴转角位置。

2.凸轮轴位置传感器与曲轴位置传感器可以安装在一起,也可以分开安装,凸轮轴位置传感器大多数安装在_____处。

3.凸轮轴位置执行器总成根据_____方向的变化改变凸轮轴位置。

4.进气和排气凸轮轴位置执行器电磁阀控制着使凸轮轴_____的机油压力。

5.威朗轿车有_____个凸轮轴位置传感器。

二、选择题

1.凸轮轴正时齿轮齿数是曲轴正时齿轮齿数的(　　　)。

 A.1 倍　　　　　　　B.2 倍　　　　　　　C.3 倍　　　　　　　D.4 倍

2.以下不属于配气机构的部件是(　　　)。

 A.凸轮轴　　　　　　B.曲轴　　　　　　　C.气门　　　　　　　D.气门座

3.发动机凸轮轴轴承采用的润滑方式是(　　　)。

 A.压力润滑　　　　　B.曲轴　　　　　　　C.气门　　　　　　　D.气门座

4.威朗轿车凸轮轴位置传感器提供的参考电压为(　　　)V。

 A.3　　　　　　　　B.5　　　　　　　　C.9　　　　　　　　D.12

5.威朗轿车凸轮轴位置传感器参考电压是由(　　　)提供。

 A.K9　　　　　　　B.K20　　　　　　　C.K111　　　　　　　D.G11

三、思维拓展

简述凸轮轴调整电磁阀的控制原理。

项目九 | 燃油排气部件的检查与修理

【项目描述】

发动机燃油供给系统是电子燃油喷射系统重要的组成部分,也是发动机故障发生率较高系统之一,现有一台发动机由于燃油泵控制电路或喷油器控制电路问题导致发动机性能故障,需对燃油泵控制电路和喷油器控制电路进行检查和修理。

氧传感器是现代发动机控制系统中非常重要的传感器之一,主要用于检测排放废气中氧的含量,并反馈给 ECU 使发动机能精确地将燃油混合气的浓度控制在理想范围,从而减小油耗,提高三元催化转化器的工作效率减少有害气体排放;现有一台发动机油耗过高,尾气排放超标,通过解码器检测出与氧传感器相关的故障码,需对氧传感器及电路进行检查,确定故障部位并进行修理。

本项目包含喷油器的检查、氧传感器的检查、燃油泵的检查 3 个任务,其中,喷油器、氧传感器、燃油泵的检查为项目学习重点。

【项目内容】

任务名称	主要内容
任务一　喷油器的检查	1.喷油器相关电路的识读; 2.喷油器的检查
任务二　氧传感器的检查	1.氧传感器相关电路的识读; 2.氧传感器的检查
任务三　燃油泵的检查	1.燃油泵相关电路的识读; 2.燃油泵的检查

【项目目标】

1.根据实训车型能正确查询、识读喷油器的电路图,能正确画出实训车型喷油器的电路图,并注明针脚定义。

2.查询维修手册,确定实训车型喷油器的检查内容,针对可能存在的故障点对喷油器进行检查。

3.根据实训车能正确查询、识读氧传感器的电路图,正确画出实训车型氧传感器的电路图,并注明针脚定义。

4.查询维修手册,确定实训车型氧传感器检查内容,针对可能存在的故障点对氧传感器进行检查。

5.根据实训车能正确查询、识读燃油泵的电路图,正确画出实训车型燃油泵的电路图,并注明针脚定义。

6.查询维修手册,确定实训车型燃油泵检查内容,针对可能存在的故障点对燃油泵进行检查。

7.培养学生的环保意识,使其能对实训后的垃圾进行合理分类。

【知识储备】

一、喷油器相关电路的识读

如图 9-1 所示为发动机控制示意图(燃油控制系统—燃油喷油器和高压控制(L3G))。

发动机控制模块(ECM)为喷油器高电源电压电路上的每个燃油喷油器提供电压。发动机控制模块通过为燃油喷油器的高电压控制电路提供搭铁,使每个燃油喷油器通电。发动机控制模块监视喷油器高电源电压电路和喷油器高电压控制电路的状态。当发动机控制模块检测到燃油喷油器电路故障时,相应的燃油喷油器将被停用。

二、喷油器电路的检查

①将点火开关置于"OFF(关闭)"位置并关闭所有车辆系统,断开 K20 发动机控制模块的 X2 线束连接器。所有车辆系统断电可能需要 2min 时间。

②测试相应的 Q17 燃油喷油器控制(+)电路和搭铁之间的电阻是否为无穷大。

• 如果电阻不为无穷大:

断开相应的 Q17 燃油喷油器处的线束连接器。测试 Q17 燃油喷油器控制(+)电路和搭铁之间的电阻是否为无穷大。如果电阻为无穷大,测试 Q17 燃油喷油器控制(-)电路和搭铁之间的电阻是否为无穷大;如果电阻不为无穷大,则修理电路上的对搭铁短路故障;如果电阻为无穷大,则更换 Q17 燃油喷油器。

• 如果电阻为无穷大:进行下一步操作。

③将点火开关置于"ON(打开)"位置。

④测试 Q17 燃油喷油器控制(+)电路和搭铁之间的电压是否低于 1 V。

• 如果等于或大于 1 V:

断开 Q17 燃油喷油器处的线束连接器,再将点火开关置于"ON(打开)"位置。测试 Q17 燃油喷油器控制(+)电路和搭铁之间的电压是否低于 1 V:如果等于或大于 1 V,则修理电路上的对电压短路;如果低于 1 V,则修理控制(-)电路上的对电压短路故障。

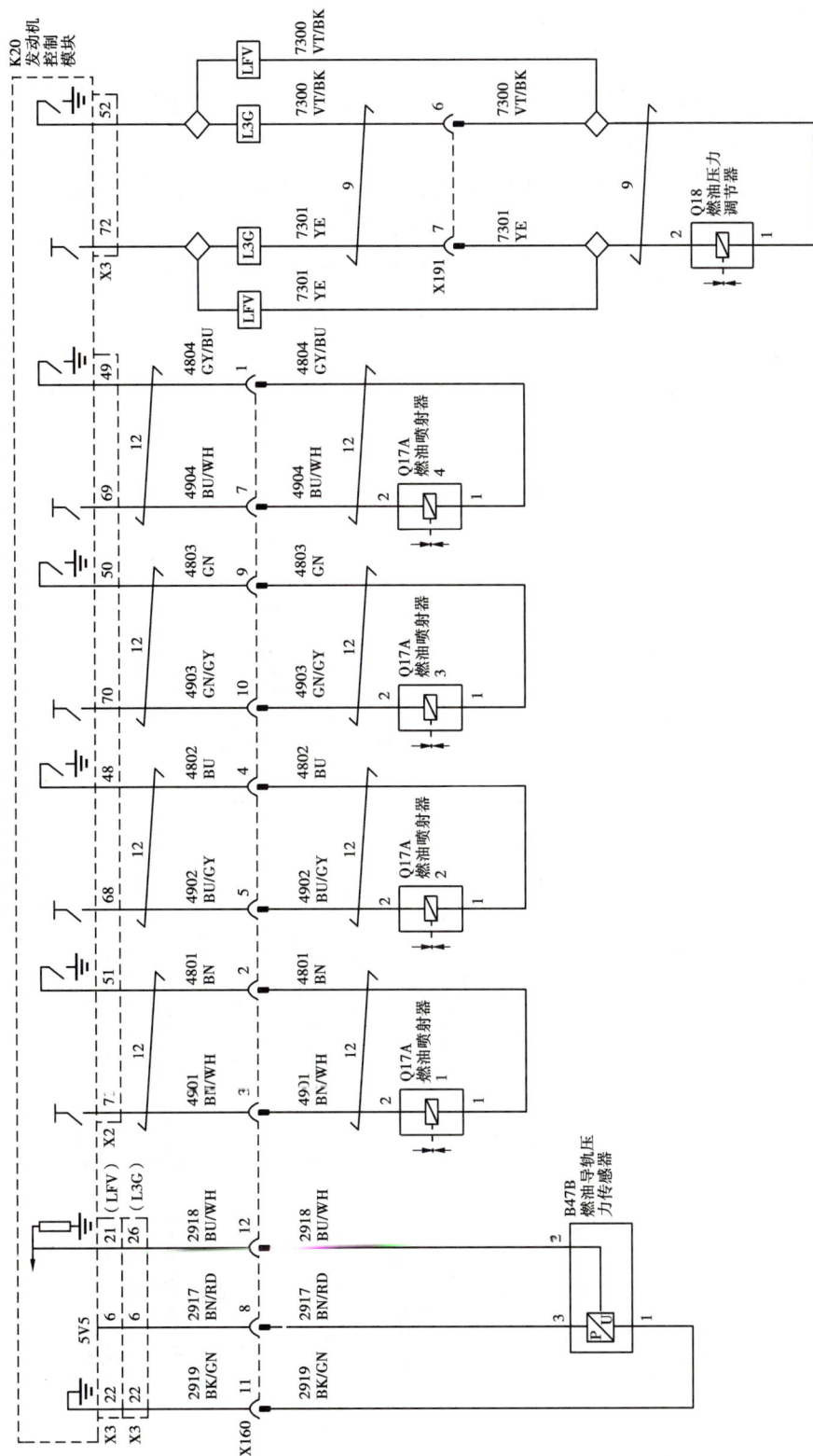

图 9-1　威朗 L3G 喷油器电路图

- 如果小于 1 V：则进行下一步操作。

⑤将点火开关置于"OFF（关闭）"位置。

⑥测试 Q17 燃油喷油器控制（+）电路和控制（−）电路之间的电阻是否小于 3Ω。

- 如果等于或高于 3Ω：

断开相应的 Q17 燃油喷油器处的线束连接器。测试控制（+）电路端到端的电阻是否小于 2 Ω；如果等于或大于 2 Ω，则修理电路中的开路/电阻过大故障。

如果小于 2 Ω：测试控制（−）电路端到端的电阻是否小于 2 Ω。如果等于或大于 2 Ω，则修理电路中的开路/电阻过大故障。如果小于 2 Ω，则更换 Q17 燃油喷油器。

- 如果小于 3Ω：进行下一步操作。

⑦更换 K20 发动机控制模块。

三、氧传感器相关电路的识读

图 9-2 所示为发动机控制示意图（氧传感器电路图）。

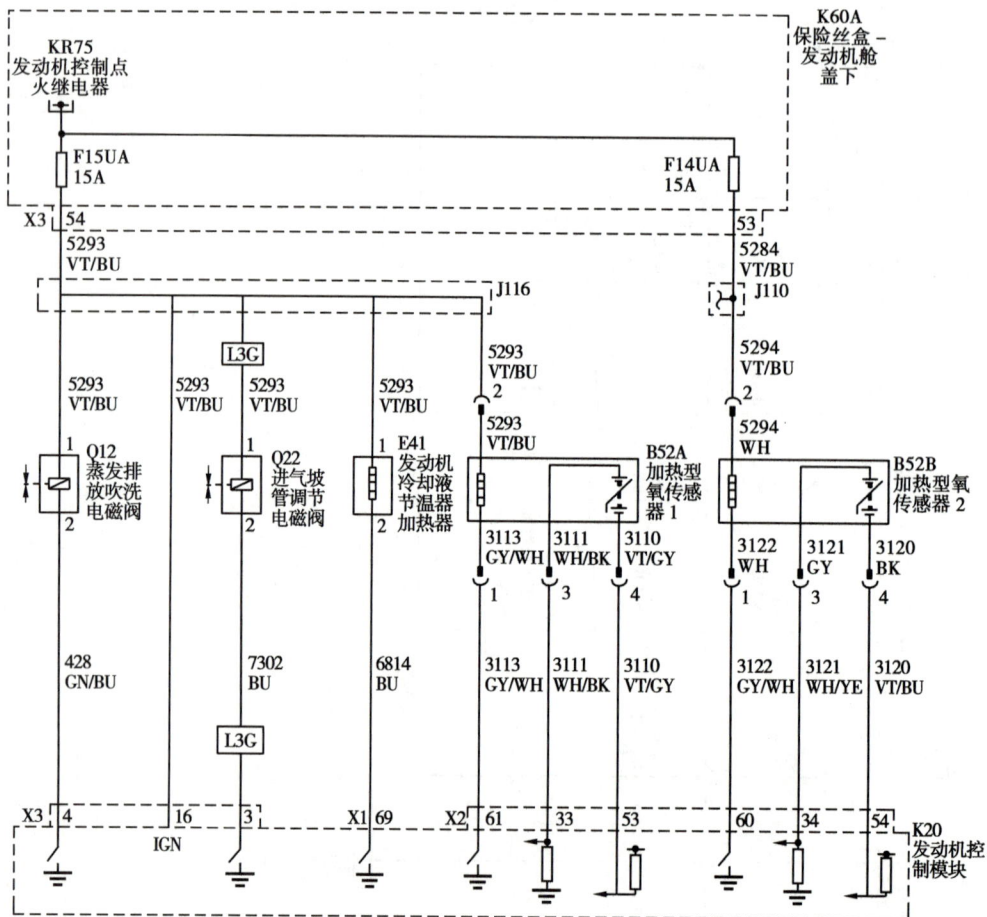

图 9-2　威朗氧传感器电路图

加热型氧传感器(HO2S)用于燃油控制和后催化剂监测。每个加热型氧传感器将周围空气的氧含量与排气流中的氧含量进行比较。每个加热型氧传感器必须达到工作温度才能提供准确的电压信号。每个加热型氧传感器内部的加热元件可最大限度缩短传感器达到工作温度所需的时间。点火电压电路通过一个保险丝将电压提供给加热器。发动机运行时,加热型氧传感器加热器低电平控制电路通过发动机控制模块内部的一个低电平侧驱动器向加热器提供搭铁。发动机控制模块利用脉宽调制控制加热型氧传感器加热器的工作,以将加热型氧传感器保持在一个特定的工作温度范围内。

四、氧传感器电路的检查

①将点火开关置于"OFF(关闭)"位置,断开相应 B52 加热型氧传感器上的线束连接器,再将点火开关置于"ON(打开)"位置。

②确认点火电压电路端子 2 和搭铁之间的测试灯点亮。

● 如果测试灯未点亮且电路保险丝完好:将点火开关置于"OFF(关闭)"位置。测试点火电路端对端的电阻是否小于 2 Ω;如果等于或大于 2 Ω,则修理电路中的开路/电阻过大故障;如果小于 2 Ω,则确认保险丝未熔断且保险丝有电压。

● 如果测试灯未点亮且电路保险丝熔断:将点火开关置于"OFF(关闭)"位置。

测试点火电路和搭铁之间的电阻是否为无穷大。如果电阻不为无穷大,则修理电路中对搭铁短路故障;如果电阻为无穷大,则测试所有连接至保险丝的部件并在必要时予以更换。

● 如果测试灯点亮:进行下一步操作。

③确认在点火电压电路端子 2 和控制电路端子 1 之间的测试灯未点亮。

● 如果测试灯点亮:将点火开关置于"OFF(关闭)"位置,断开 K20 发动机控制模块的线束连接器。

测试控制电路和搭铁之间的电阻是否为无穷大,如果电阻不为无穷大,则修理电路中对搭铁短路故障;如果电阻为无穷大,则更换 K20 发动机控制模块。

● 如果测试灯未点亮:进行下一步操作。

④运转发动机,确认故障诊断仪上的"HO2S 1 or 2 Heater Control Circuit Open Test Status(加热型氧传感器 1 或 2 加热器控制电路开路测试状态)"参数显示为"Malfunction(故障)"。

● 如果未显示故障:将点火开关置于"OFF(关闭)"位置,断开 K20 发动机控制模块的线束连接器。将点火开关置于"ON(打开)"位置。

测试控制电路和搭铁之间的电压是否小于 1 V:如果等于或大于 1 V,则修理电路上的对电压短路;如果小于 1 V,则更换 K20 发动机控制模块。

● 如果显示故障:

点火电压电路的附加电阻应小于 10Ω,否则,控制电路会设置一个 DTC。如果电路有电阻,驱动器将保持接通,故障诊断仪的"HO2S HighVoltage Test Status(加热型氧传感器电压过高测试状态)"参数将显示"OK(正常)"。

执行此测试可能会设置其他 DTC。

⑤将点火开关置于"OFF(关闭)"位置,在控制电路端子 1 和搭铁之间安装一根带 3 A 保险丝的跨接线,发动机运行。

⑥确认故障诊断仪上的"HO2S1 or2 HeaterControl Circuit LowVoltage Test Status(加热型氧传感器 1 或 2 加热器控制电路电压过低测试状态)"参数显示为"Malfunction(故障)"。

● 如果未显示故障:将点火开关置于"OFF(关闭)"位置,断开 K20 发动机控制模块的线束连接器。

测试控制电路端对端电阻是否小于 2 Ω:如果等于或大于 2 Ω,则修理电路中的开路/电阻过大故障;如果小于 2 Ω,则更换 K20 发动机控制模块。

● 如果显示故障:进行下一步操作。

⑦测试或更换 B52 加热型氧传感器。

五、燃油泵相关电路的识读

图 9-3 所示为发动机控制示意图(燃油控制系统—燃油泵控制(L3G 或 LFV))。

当发动机控制模块检测到点火开关打开时,发动机控制模块(ECM)向燃油泵驱动器控制模块提供电压。除非发动机在启动或运行,否则发动机控制模块向燃油泵驱动器控制模块提供电压 2s。收到该电压时,燃油泵驱动器控制模块向燃油箱燃油泵模块提供变化的电压,以维持需要的燃油管路压力。燃油泵驱动器控制模块监测燃油泵电压,以确定燃油泵是否按照指令正常运行。

六、燃油泵电路的检查

①将点火开关置于"OFF(关闭)"位置并关闭所有车辆系统,断开 K111 燃油泵驱动器控制模块处的线束连接器和 G12 燃油泵直列式线束连接器 X350。

②测试低电平参考电压电路以下端子之间的端到端电阻是否小于 2 Ω:X350 端子 18;K111 燃油泵驱动器控制模块端子 16。

● 如果等于或大于 2 Ω:修理电路中开路/电阻过大故障。

● 如果小于 2 Ω:进行下一步操作。

③连接 K111 燃油泵驱动器控制模块处的线束连接器。

④将点火开关置于"ON(打开)"位置,在燃油泵控制电路端子 15 和连接器 X350 的车身侧低电平参考电压电路端子 18 之间连接一个测试灯。

⑤当用故障诊断仪指令"燃油泵启用"开启和关闭时,确认测试灯点亮和熄灭。

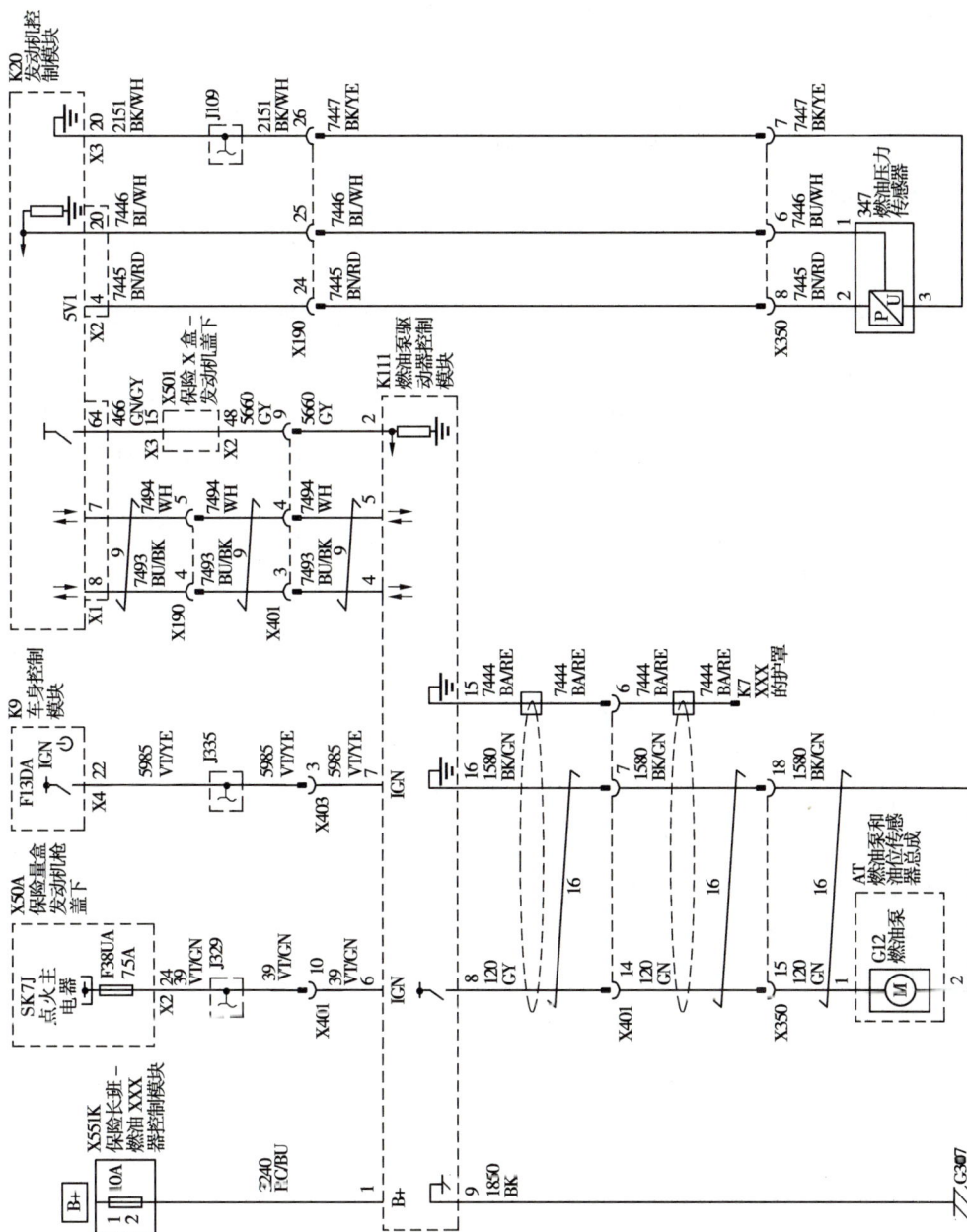

图 9-3　威朗燃油控制系统—燃油泵控制电路图

115

●如果测试灯始终熄灭：

将点火开关置于"OFF（关闭）"位置，断开 K111 燃油泵驱动器控制模块处的线束连接器。

测试燃油泵控制电路和搭铁之间的电阻是否为无穷大，如果电阻不为无穷大，则修理电路中对搭铁短路故障；如果电阻为无穷大，测试燃油泵控制电路端到端的电阻是否小于 2 Ω。如果等于或大于 2 Ω，则修理电路中的开路/电阻过大故障；如果小于 2 Ω，则测试或更换 K111 燃油泵驱动器控制模块。

●如果测试灯始终点亮：将点火开关置于"OFF（关闭）"位置，拆下测试灯，断开 K111 燃油泵驱动器控制模块处的线束连接器，再将点火开关置于"ON（打开）"位置。

测试燃油泵控制电路和搭铁之间的电压是否低于 1 V，如果等于或大于 1 V，则修理电路上的对电压短路；如果低于 1 V，则测试或更换 K111 燃油泵驱动器控制模块。

●如果测试灯点亮和熄灭：进行下一步操作。

⑥将点火开关置于"OFF（关闭）"位置并关闭所有车辆系统，断开 K111 燃油泵驱动器控制模块处和 G16 燃油泵处的线束连接器。可能需要 2min 才能让所有车辆系统断电。

⑦测试低电平参考电压电路和搭铁之间的电阻是否为无穷大。

如果电阻不为无穷大修理电路上对搭铁短路故障。

如果电阻为无穷大，则进行下一步操作。

⑧测试低电平参考电压电路的端到端电阻是否小于 2 Ω。

如果等于或大于 2 Ω，修理电路中开路/电阻过大故障。

如果小于 2 Ω，则进行下一步操作。

⑨测试燃油泵控制电路和搭铁之间的电阻是否为无穷大。

如果电阻不为无穷大，修理电路上对搭铁短路故障。

如果电阻为无穷大，则进行下一步操作。

⑩测试燃油泵控制电路端到端的电阻是否小于 2 Ω。

如果等于或大于 2 Ω，修理电路中开路/电阻过大故障。

如果小于 2 Ω，则进行下一步操作。

⑪更换 G12 燃油泵。

【任务实施】

任务名称			
班　级		姓　名	
地　点		日　期	
成　员			

一、任务准备

1.设备准备

威朗实训车辆、解码器、喷油器等。

2.工量具准备

万用表、试灯、拆装工具等。

二、过程记录

活动名称		任务要点记录	使用资源记录	本人角色
一、喷油器电路及原件检查	1.对搭铁短路检测			□安全员 □操作员 □记录员 □观察员
	2.对电源短路检测			□安全员 □操作员 □记录员 □观察员

续表

活动名称		任务要点记录	使用资源记录	本人角色
一、喷油器电路及原件检查	3.元件检测			□安全员 □操作员 □记录员 □观察员
二、氧传感器电路检查	1.供电电路开路/电阻过大检测			□安全员 □操作员 □记录员 □观察员
	2.供电电路短路检测			□安全员 □操作员 □记录员 □观察员
	3.控制端对地短路检测			□安全员 □操作员 □记录员 □观察员

活动名称		任务要点记录	使用资源记录	本人角色
二、氧传感器电路检查	4.控制端对电压短路检测			☐安全员 ☐操作员 ☐记录员 ☐观察员
	5.原件测试检查			☐安全员 ☐操作员 ☐记录员 ☐观察员
三、燃油泵电路及原件检查	1.油泵接地线路检查			☐安全员 ☐操作员 ☐记录员 ☐观察员
	2.油泵控制电路对地短路检测			☐安全员 ☐操作员 ☐记录员 ☐观察员

续表

活动名称		任务要点记录	使用资源记录	本人角色
三、燃油泵电路及原件检查	3.油泵控制电路对电源短路检测			□安全员 □操作员 □记录员 □观察员
	4.油泵检测			□安全员 □操作员 □记录员 □观察员

【评价与考核】

序号	作业项目	考核内容	评分标准	配分	扣分
1	作业安全职业操守	能进行工位7S操作	□整理、整顿(0.25分) □清理、清洁(0.25分) □素养、节约(0.25分) □安全(0.25分)	1	
		能进行设备和工具安全检查	□检查作业所需要的工具设备是否完备(0.5分) □检查作业环境是否配备灭火器(0.5分) □检查设备用电情况是否正常(0.5分)	1.5	
		能进行安全用电操作	□作业过程中做到远离油液(0.5分) □正确连接实训供电设备(0.5分) □正确操作用电设备(0.5分)	1.5	
		能进行工具清洁校准存放操作	□使用工具前对工具、量具进行校准(0.5分) □使用工具后对工具、量具进行清洁复位(0.5分)	1	
		检测工具使用	□能正确使万用表(1分) □正确使用解码器(1分)	2	
2	喷油器相关电路的识读和拆画	喷油器相关电路识读	□能正确查询喷油器相关电路(1分) □能正确识读喷油器相关电路(1分)	2	
		喷油器相关电路拆画	□能正确拆画喷油器相关电路(2分) □能正确标注喷油器相关电路(2分)	4	
3	喷油器检查	电路和元件检查	□能正确制定故障诊断策略(2分) □能正确定位元件及线路测量点(2分) □能正确测量元件及线路测量点(12分) □能正确制定故障点维修方案(2分) □能正确确定故障症状已排除(2分)	20	
		数据记录	□能正确记录测量元件及线路测量点数据(5分)	5	
4	氧传感器相关电路的识读和拆画	氧传感器相关电路识读	□能正确查询氧传感器相关电路(1分) □能正确识读氧传感器相关电路(1分)	2	
		氧传感器相关电路拆画	□能正确拆画氧传感器相关电路(2分) □能正确标注氧传感器相关电路(2分)	4	

续表

序号	作业项目	考核内容	评分标准	配分	扣分
5	氧传感器检查	电路和元件检查	□能正确制定故障诊断策略(2分) □能正确定位元件及线路测量点(2分) □能正确测量元件及线路测量点(12分) □能正确制订故障点维修方案(2分) □能正确确定故障症状已排除(2分)	20	
		数据记录	□能正确记录测量元件及线路测量点数据(5分)	5	
6	燃油泵相关电路的识读和拆画	燃油泵相关电路识读	□能正确查询燃油泵相关电路(1分) □能正确识读燃油泵相关电路(1分)	2	
		燃油泵相关电路拆画	□能正确拆画燃油泵相关电路(2分) □能正确标注燃油泵相关电路(2分)	4	
7	燃油泵检查	电路和元件检查	□能正确制订故障诊断策略(2分) □能正确定位元件及线路测量点(2分) □能正确测量元件及线路测量点(12分) □能正确制定故障点维修方案(2分) □能正确确定故障症状已排除(2分)	20	
		数据记录	□能正确记录测量元件及线路测量点数据(5分)	5	
合　计				100	

【实训报告单】

实训报告单					
科　目		班　级		学生姓名	
实训项目					
实训任务					
实训器材					
实训内容					
体会或建议					
实训结果	自评_____ 　　互评_____ 　　师评_____				

指导教师_____ 　　　　　　　　　　时间_____

【作业】

一、填空题

1. 采用进气道喷射的发动机管理系统喷油器一般安装在_____上。

2. 采用缸内喷射的发动机管理系统喷油器安装在_____上。

3. 喷油器喷油量的多少只取决于_____,与其他因素无关,而喷油时间的长短取决于_____。

4. 氧传感器通常安装在排气系统中,直接与排气气流接触;现今有些车辆安装有两个氧传感器,一个安装在_____前面,一个安装在_____后面。

5. 直接喷射系统高压燃油泵安装在_____,由凸轮轴上的一个四凸角凸轮驱动。

二、选择题

1. 为了适应各国的排放标准,现代汽车都安装了(   )。
   A. 三元催化转化器　B. 氧传感器　　　C. 排气管　　　D. 消音器

2. 如果三元催化转化器工作良好,后氧传感器信号波(   )。
   A. 频率高　　　B. 增加　　　C. 没有　　　D. 缓慢

3. 拔掉燃油压力调节器上的真空管,燃油压力会(   )。
   A. 上升　　　B. 不变　　　C. 下降　　　D. 上下波动

4. 发动机控制系统的主要功能是燃油喷射控制和(   )。
   A. 点火控制　　B. 进气控制　　C. 失效保护　　D. 故障自诊断

5. 把燃油喷射到进气门前方的是(   )。
   A. 测试口　　　B. 喷油器　　　C. 压力调节器　　　D. 脉动缓冲器

三、思维拓展

简述平面型氧传感器的工作原理。

项目十│汽车继电器控制的简单电路连接与检测

【项目描述】

一辆长安逸动轿车行驶了 23 125 公里,在挂倒挡的时候倒车灯不亮。车主用替换法将倒车灯保险片替换以后倒车灯仍然不亮,便送去修理厂检测。维修师傅根据维修电路图,用万用表对车辆倒车灯线路进行检测,发现倒车灯线路良好无故障,只有灯泡损坏。维修师傅是如何根据电路图对汽车电气线路进行检测的呢? 这便是本项目的主要任务,即电路图识读基础、倒车灯(MT)电路连接与故障检测、喇叭电路连接与故障检测。

本项目所涉及的电路图为长安逸动汽车上由继电器控制的简单电路图,主要任务是要能够读懂电路图并排除简单电路故障。为后面学习由一个或多个控制模块控制的复杂电路图的识读与故障排除打基础。

【项目内容】

任务名称	主要内容
任务一　汽车维修电路图识读基础	1.继电器控制的原理; 2.串并联电路的基本特点; 3.识读电路图
任务二　倒车灯(MT)电路连接与故障检测	1.识读倒车灯电路图; 2.根据电路图连接倒车灯电路; 3.倒车灯电路故障检测
任务三　喇叭电路连接与故障检测	1.识读喇叭电路图; 2.根据电路图连接喇叭电路; 3.喇叭电路故障检测

【项目目标】

1.能看懂基本的汽车电路图。

2.能根据维修电路手册查询指定电气元件的原理图,并根据其原理图画出电路连线图。

3.会使用汽车电气系统常用检测设备,能够用万用表、试灯等排除简单汽车电路故障。

4.在操作过程中,树立学生常备不懈的安全操作意识和安全用电常识。

5.培养学生的环保意识,能对实训后的垃圾进行合理分类。

【知识储备】

一、电路图解释说明

图例说明(图 10-1):

①系统名称。

②线束接头编号(见表 10-1)。

表 10-1　线束接头编号

定　义	线束名称
CA	发动机舱线束
C－－	发动机舱线束接头
EN	发动机线束
E－－	发动机线束接头
IP	仪表板线束
P－－	仪表板线束接头
SO	底板线束
S－－	底板线束接头
DR	门线束
D－－	门线束接头
RF	室内灯(顶棚)线束
L－－	室内灯(顶棚)线束接头
X	线束与线束接头

注意:门线束定义包括四个车门线束;线束接头编号详细参见线束布置图。

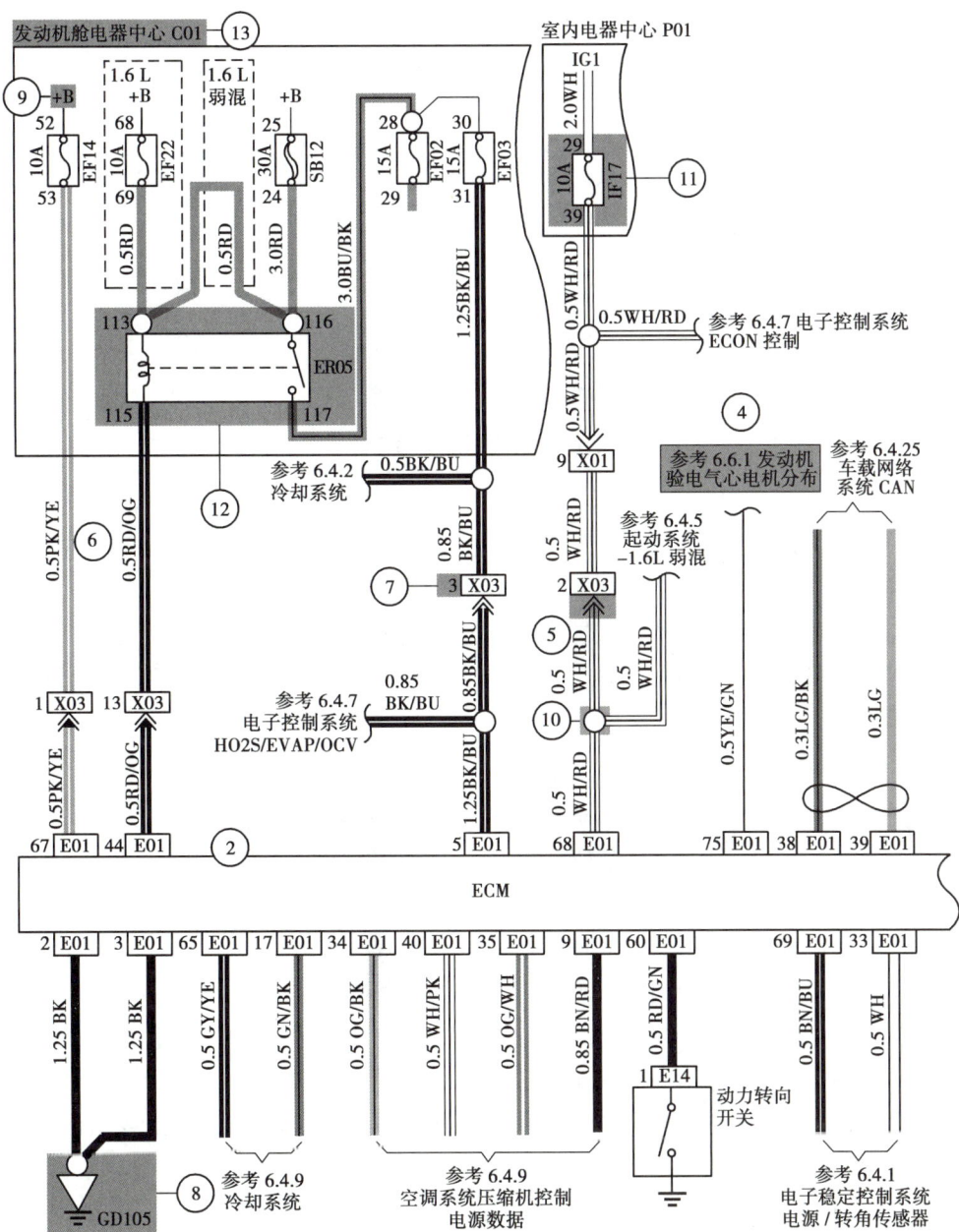

图 10-1 维修手册电路图节选

③部件名称。

④显示此电路连接的相关系统信息。

⑤线束与线束接头,黑色箭头表示该接头的阳极,方框部分表示该接头的阴极,方框内的内容表示该接头的代码。

⑥显示导线颜色及线径,颜色代码见表 10-2。

表 10-2　导线及颜色代码

颜色代码	导线颜色	颜色代码	导线颜色
BK	黑色	OG	橙色
BN	棕色	PK	粉色
BU	蓝色	RD	红色
GN	绿色	SR	银色
GY	灰色	VT	紫色
LG	浅绿色	WH	白色
LU	浅蓝色	YE	黄色

如果导线为双色线,则第一个字母显示导线底色,第二个字母显示条纹色,中间用"/"分隔。

例如:标注为 YE/WH 的导线即为黄色色底白色条纹。

⑦显示接插件的端子编号,注意相互插接的线束接头端子编号顺序互为镜像,如图 10-2 所示。

图 10-2　接插件端子编号顺序

⑧接地点编号以 G 开头的序列编号标识,接地点位置详细参见接地点布置图。

⑨供给于保险丝上的电源类型,"+B"表示蓄电池电源,"ACC"表示点火开关处于"ACC"时的电源输出,"IG1"表示点火开关处于"ON"时的 2 号端子输出,"IG2"表示点火开关处于"ON"时的 6 号端子输出。

注意:IG1 与 IG2 的区别在于点火开关处于"ST"时 IG1 有电源输出,而 IG2 无电源输出。

图 10-3　导线节点

⑩导线节点如图 10-3 所示。

⑪保险丝编号由保险丝代码和序列号组成,位于发动机舱的保险丝代码为 EF,室内保险丝代码为 IF。保险丝编号详细参见保险丝列表。

⑫继电器编号用两个大写英文字母标识。位于发动机舱的继电器代码为 ER,室内继电器代码为 IR。详细参见继电器列表。

⑬灰色阴影填充表示电器中心,P01 表示电器中心线束接头代码。

⑭如果由于车型、发动机类型或者配置不同而造成相关电路设计不同,在线路图中用虚线标识,并在线路旁添加说明,如图 10-4 所示。

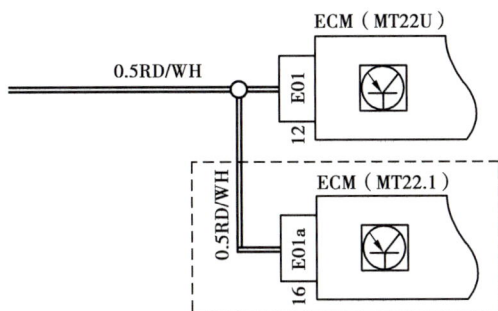

图 10-4　虚线标识

⑮如果电路线与线之间使用 8 字形标识,表示此电路为双绞线,主要用于传感器的信号电路或数据通信电路,如图 10-5 所示。

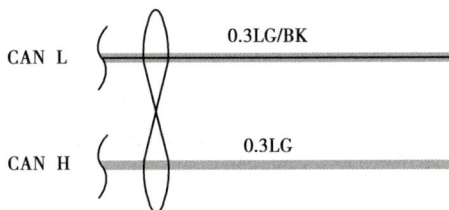

图 10-5　双绞线标识

二、喇叭电路

1.长安逸动汽车维修手册喇叭电路原理图

长安逸动汽车维修手册喇叭电路原理图,如图 10-6 所示。

2.喇叭电路简化原理图

喇叭电路简化原理图,如图 10-7 所示。

三、倒车灯电路

1.长安逸动汽车维修手册倒车灯电路原理图

长安逸动汽车维修手册倒车灯电路原理图,如图 10-8 所示。

2.倒车灯电路简化原理图

倒车灯电路简化原理图,如图 10-9 所示。

发动机舱电器中心 C01

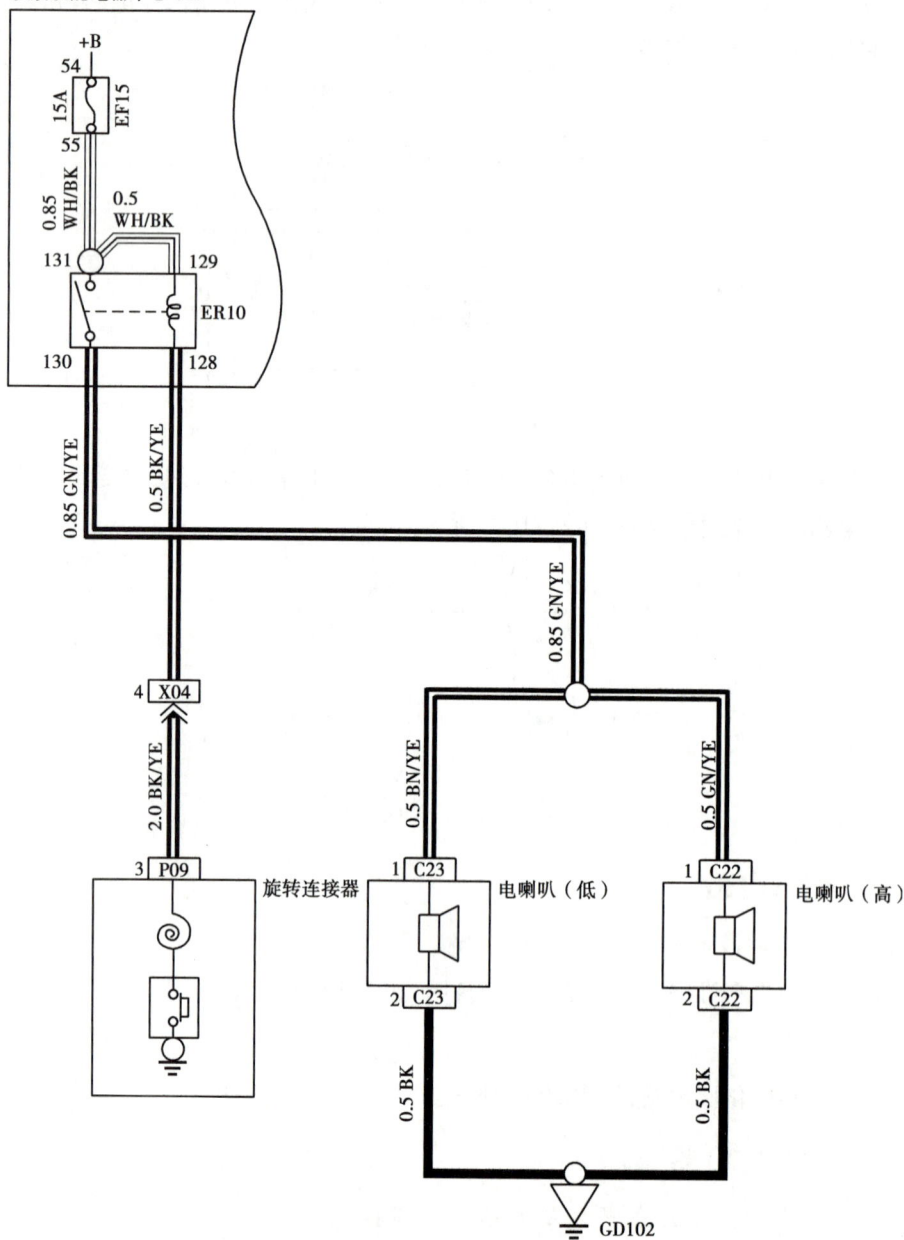

+B

54

15A EF15

55

0.85 WH/BK　0.5 WH/BK

131　129

ER10

130　128

0.85 GN/YE　0.5 BK/YE

0.85 GN/YE

4 X04

2.0 BK/YE

3 P09

旋转连接器

0.5 BN/YE　0.5 GN/YE

1 C23　电喇叭（低）　1 C22　电喇叭（高）

2 C23　2 C22

0.5 BK　0.5 BK

GD102

图 10-6　长安逸动汽车维修手册喇叭电路原理图

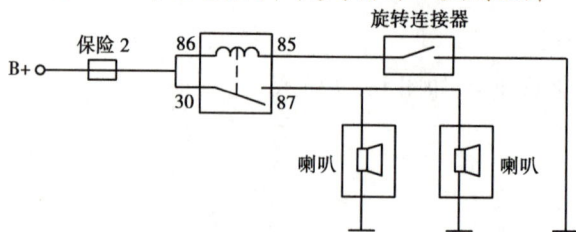

保险 2　86　85　旋转连接器

B+

30　87

喇叭　喇叭

图 10-7　喇叭电路简化原理图

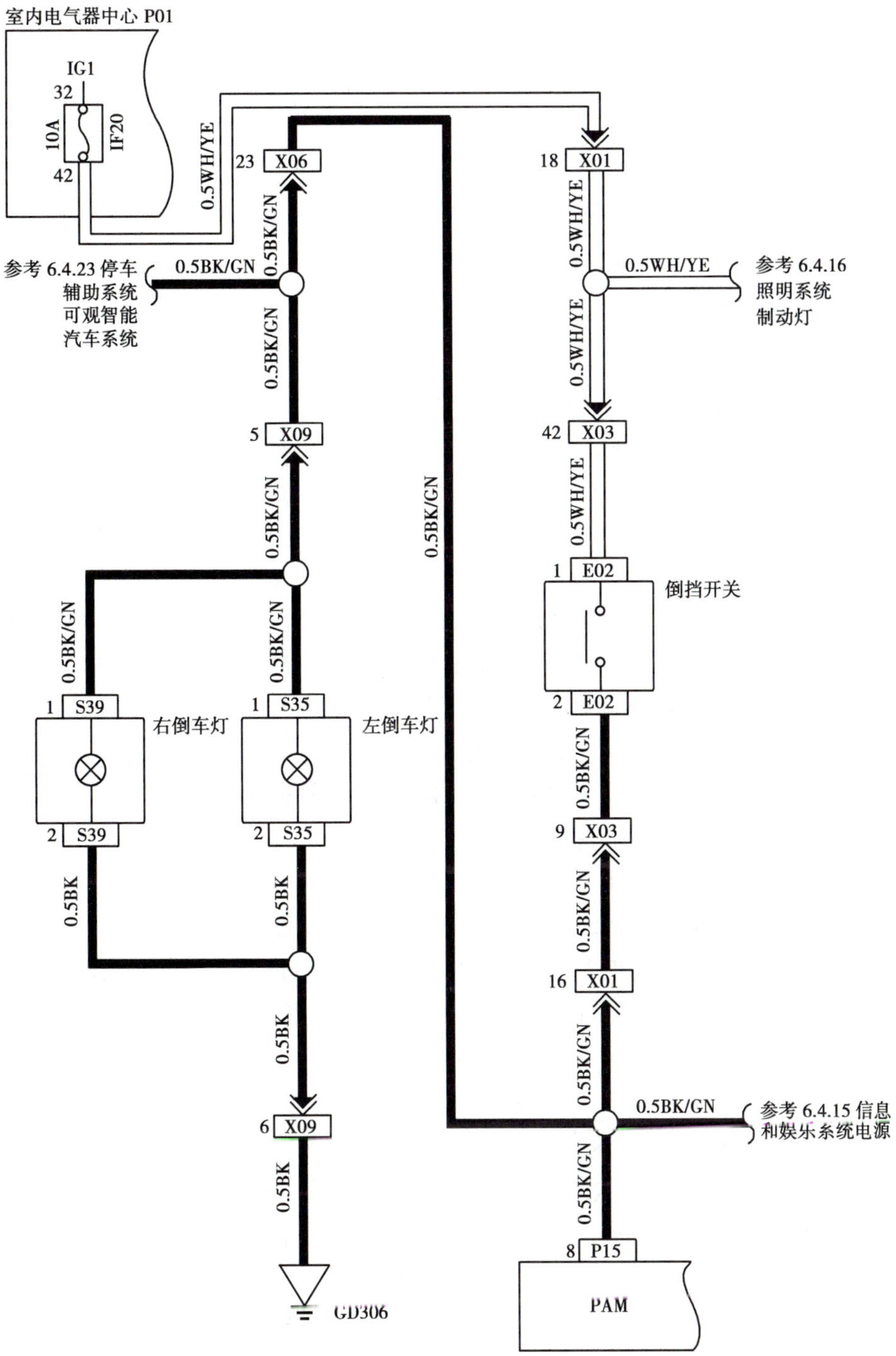

室内电气器中心 P01

IG1

32

10A　IF20

42

参考 6.4.23 停车
辅助系统
可观智能
汽车系统

0.5WH/YE

23　X06

0.5BK/GN

0.5BK/GN

0.5BK/GN

5　X09

0.5BK/GN

0.5BK/GN

0.5BK/GN

1　S39

右倒车灯

1　S35

左倒车灯

2　S39

2　S35

0.5BK

0.5BK

0.5BK

6　X09

0.5BK

GD306

18　X01

0.5WH/YE

0.5WH/YE

参考 6.4.16
照明系统
制动灯

42　X03

0.5WH/YE

1　E02

倒挡开关

2　E02

0.5BK/GN

9　X03

0.5BK/GN

16　X01

0.5BK/GN

0.5BK/GN

0.5BK/GN

参考 6.4.15 信息
和娱乐系统电源

8　P15

PAM

图 10-8　长安逸动汽车维修手册倒车灯电路原理图

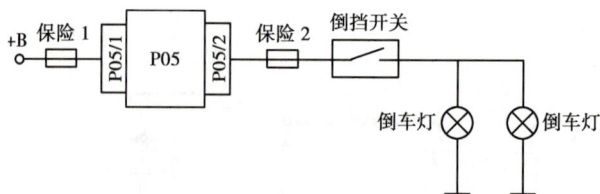

图 10-9　倒车灯电路简化原理图

四、故障诊断方法

1.故障诊断流程

对于电路故障,按照以下步骤进行检查。

（1）确认客户所描述的故障

为了正确维修,应先确认客户所描述的故障现象,仔细核查相关部件以确认故障现象并作好记录。不允许在未确定故障范围及原因之前对部件进行分解工作。

（2）电路图识读及原因分析

根据子系统电路图对故障部件从电源到接地的整个电路进行分析、判断,确定维修操作方案。如果无法确定维修操作方案,参考维修手册中的说明与操作中对该系统的描述,明白其工作原理。同时需要检测与故障电路公用的其他电路,如在电路图上参考保险丝、接地、开关等公用的系统电路。检测在步骤（1）中未检查的公用电路。如果公用电路中的其他部件工作正常,则故障就在本身电路上。如果公用电路上的部件都有故障,则可能保险丝或接地有故障。

（3）电路及部件的检查

任何时候电路图都应该结合维修手册使用,参考维修手册中对电路及部件的检查流程。对于有模块控制的电路,应该充分结合诊断测试仪对部件进行测试,有效的故障诊断应该是具有逻辑性的合理操作过程。充分接合维修手册中的故障诊断流程,从可能性最大的原因和最容易检查的部件开始检查。

（4）故障维修

发现故障,参考电路图及维修手册中对故障处理方法的描述。例如接地不良时的处理流程、线束接头的处理方法。

（5）确认电路工作状态

维修结束后,确认故障已经排除,应该重新检测所有功能是否已经恢复正常。如果是保险丝熔断故障,则应该对所有共用该保险丝的电路进行检测。

2.故障检测

（1）电压检测

电压检测是检查某一点是否有电压。当检查导线接头的某一个端子时,可以不分解导线接头,利用线路检测工具中的正极连接线探针从导线接头的背面插入进行测试。

①用试灯或电压表检查电压时,先把检测工具的负极与蓄电池负极相连接。

②把试灯或电压表的另一端导线连接到要检测的位置上。

③如果检测工具是电压表,显示值比规定值小于 1 V 以上,说明电路有故障。如果检测工具是试灯,试灯不能正常点亮说明电路有故障。

（2）通电测试（图 10-10）

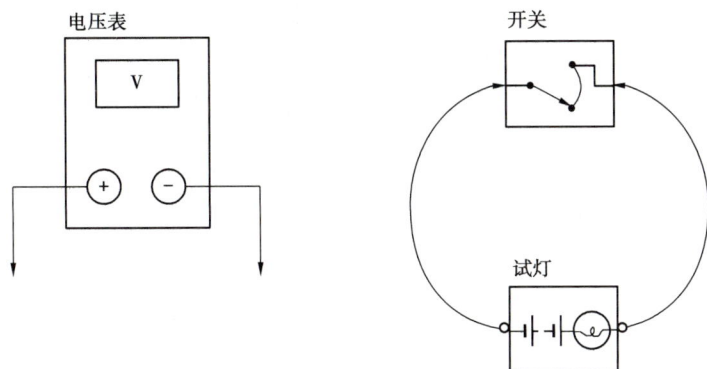

图 10-10　通电测试示意图

①断开蓄电池负极线束。

②用自带电源测试灯或电阻表的一根引线连接到要检测的部件上。使用电阻表时,先把电阻表的两根导线短接,用调零器把电阻表调零。

③用检测仪的另一导线连接到要检测的负载另一端子上。

④自带电源试灯亮,表示导通;使用电阻表时,电阻很小或接近 0 表示该部件具有良好的导通状态。

（3）短路测试（图 10-11）

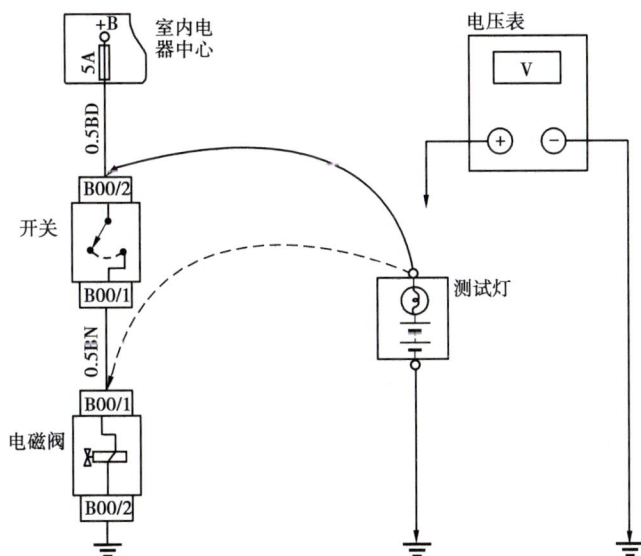

图 10-11　短路测试示意图

①断开蓄电池负极线束。

②把自带电源测试灯或电阻表的一根导线连接到保险丝的输出端子上。

③把自带电源的测试灯或电阻表的另一导线接地。

④断开保险丝所有相关的电气负载。

注意：如果不断开该保险丝所有的电气负载，在检查与灯光等低电阻负载电路时，电阻表会一直显示低电阻，这种情况下会引起误判。

⑤从保险丝最近处依次排查线路。

⑥自带电源试灯亮或电阻表显示值低于 5 Ω，说明这部分与接地短路。

（4）电压降测试（图 10-12）

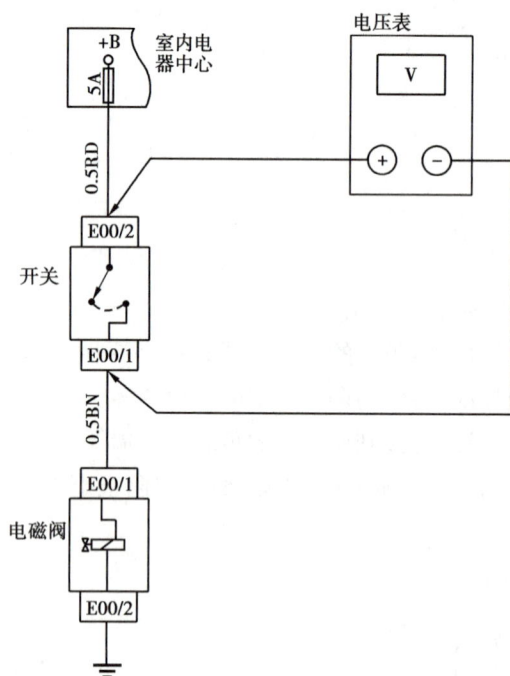

图 10-12　电压降测试示意图

此测试沿着导线、接头或开关检查电压降。

①电压表正极导线连接到接近蓄电池的导线的一端（接头侧或开关侧）。

②电压表负极导线连接到导线的另一端（接头或开关的另一侧）。

③断开或接合开关，使电路工作。

④电压表将显示两个点之间的电压差。

⑤如果电压差超过 0.1 V（5 V 电路应小于 50 mV），可以表明电路上有故障，检查松动、氧化或腐蚀的连接电路。

【任务实施】

任务名称			
班　级		姓　名	
地　点		日　期	
成　员			

一、任务准备

1.设备准备

12V 低压直流电源、BCM、汽车灯光控制器、点火开关、组合开关、汽车线束、汽车熔断器、汽车继电器、汽车倒车灯、汽车转向灯等。

2.工量具准备

跨接线、试灯、万用表等。

3.绘制倒车灯电路简化原理图连线表格

4.绘制喇叭电路简化原理图连线表格

二、过程记录

活动名称	任务要点记录	使用资源记录	本人角色
1.带继电器的灯光并联电路图			□安全员 □操作员 □记录员 □观察员
2.倒车灯电路连接及故障分析			□安全员 □操作员 □记录员 □观察员
3.喇叭电路连接和检测			□安全员 □操作员 □记录员 □观察员

【评价与考核】

序号	作业项目	考核内容	评分标准	配分	扣分
1	作业安全职业操守	能进行工位 7S 操作	□整理、整顿(0.5分) □清理、清洁(0.5分) □素养、节约(0.5分) □安全(0.5分)	2	
		能进行设备和工具安全检查	□检查作业所需要的工具设备是否完备(1分) □检查作业环境是否配备灭火器(1分) □检查设备用电情况是否正常(1分)	3	
		能进行安全用电操作	□作业过程中做到远离油液(1分) □正确连接实训供电设备(1分) □正确操作用电设备(2分)	4	
		能进行工具清洁校准存放操作	□使用工具前对工具、量具进行校准(1分) □使用工具后对工具、量具进行清洁(1分) □作业完成后对工具进行复位(1分)	3	
2	汽车维修电路图识读基础	继电器控制原理	□能说出继电器控制原理(5分)	5	
		串并联电路基本特点	□能说出串联电路基本特点(5分) □能说出并联电路基本特点(5分)	10	
		识读电路图	□能看懂电路图接线原理(5分)	5	
3	倒车灯(MT)电路连接与故障检测	识读倒车灯电路图	□能看懂倒车灯电路图	5	
		根据电路图连接倒车灯电路	□准确选择电气元件(2分) □准确连接倒车灯电路(10分)	12	
		倒车灯电路故障检测	□能准确选择万用表挡位(2分) □准确检测电路故障(10分)	12	
		数据记录	□准确记录数据(5分)	5	
4	喇叭电路连接与故障检测	识读喇叭电路图	□能看懂倒车灯电路图	5	
		根据电路图连接喇叭电路	□准确选择电气元件(2分) □准确连接倒车灯电路(5分)	12	
		喇叭电路故障检测	□能准确选择万用表挡位(2分) □准确检测电路故障(5分)	12	
		数据记录	□准确记录数据(5分)	5	
		合　计		100	

【实训报告单】

实训报告单					
科　目		班　级		学生姓名	
实训项目					
实训任务					
实训器材					
实训内容					
体会或建议					
实训结果	自评_____　　互评_____　　师评_____				

指导教师_____　　　　　　　　　　　时间_____

【作业】

一、填空题

1.本项目是以_____、_____电路图为例对汽车维修电路图进行的详细讲解。

2.汽车维修电路图中"+B"表示_____,"IG1"表示点火开关处于_____时的2号端子输出,"IG2"表示点火开关处于_____时的6号端子输出。

3.双色导线两个颜色代码中间用_____符号分隔。

4.保险丝编号由保险丝代码和序列号组成,位于_____的保险丝代码为EF。

5."IG1"与"IG2"的区别在于点火开关处于_____时"IG1"有电源输出,而"IG2"无电源输出。

二、选择题

1.导线颜色代码"BK"表示(　　　)。
　A.黑色　　　　　B.红色　　　　　　C.白色　　　　　D.棕色

2.导线颜色代码"RD"表示(　　　)。
　A.黑色　　　　　B.红色　　　　　　C.白色　　　　　D.棕色

3.导线颜色代码"WH"表示(　　　)。
　A.黑色　　　　　B.红色　　　　　　C.白色　　　　　D.棕色

4.双导线颜色代码"YE/WH"表示(　　　)。
　A.底色为黄色,条纹色为白色　　　　B.底色为白色,条纹色为黄色
　C.底色为黄色,条纹色为黑色　　　　D.底色为黑色,条纹色为黄色

5.双导线颜色代码"BK/BU"表示(　　　)。
　A.底色为棕色,条纹色为黑色　　　　B.底色为黑色,条纹色为蓝色
　C.底色为棕色,条纹色为黑色　　　　D.底色为黑色,条纹色为棕色

三、思维拓展

1.请绘制喇叭电路简化原理图。

2.请绘制倒车灯电路简化原理图。

项目十一｜汽车 BCM 电子控制典型电路的连接与检测

【项目描述】

一辆长安逸动轿车行驶了 24 576 km，车主发现在转向的时候左转向灯不亮。车主用替换法将左转向灯的保险片、继电器更换以后左转向灯仍然不亮，便开去修理厂检测。维修师傅根据维修电路图，用万用表对车辆转向灯线路进行检测，发现左转向灯线路良好无故障，转向灯泡损坏。维修师傅是如何根据电路图对汽车电气线路进行检测的呢？这便是本项目的主要任务，即制动灯电路连接与故障检测、电控转向灯电路连接与检测、前雾灯电路连接与故障检测。

【项目内容】

任务名称	主要内容
任务一　BCM 车身控制系统	1.识读制动灯电路图； 2.根据电路图连接倒车灯电路； 3.制动灯电路故障检测
任务二　转向灯电路连接与检测	1.识读转向灯电路图； 2.根据电路图连接倒车灯电路； 3.转向灯电路故障检测
任务三　前雾灯电路连接与故障检测	1.识读前雾灯电路图； 2.根据电路图连接倒车灯电路； 3.前雾灯电路故障检测

【项目目标】

1.能看懂简单的汽车电路图，能根据维修手册查询指定电气元件的原理图，并根据其原理图画出电路简化图。

2.会使用汽车电气系统常用检测设备,能够用万用表排除简单汽车电路故障。

3.在操作过程中,树立学生常备不懈的安全操作意识和安全用电常识,培养学生踏实、肯干、肯钻研的工作态度和良好的岗位职责意识。

4.培养学生的环保意识,能对实训后的垃圾进行合理分类。

【知识储备】

一、BCM 车身控制系统

1.逸动灯光系统的控制策略描述

BCM 直接控制灯光:转向灯、应急灯、前雾灯、前小灯(前位置灯)。

点火开关打开后,才能工作的灯光:转向灯、前后雾灯、远近光。

点火开关关闭时,可以工作的灯光:应急灯、小灯、超车灯。

灯光控制器和 BCM 工作,先需要接好各自控制单元本身的电源和搭铁。

雾灯、远近光工作必须连接灯光开关的小灯信号线和搭铁,因为必须让 BCM 识别到小灯已经打开,小灯可以不连。

2.BCM 电源、搭铁电路图

BCM 电源、搭铁电路图如图 11-1 所示。

二、转向灯电路

1.长安逸动汽车维修手册转向灯原理图

长安逸动汽车维修手册转向灯原理图,如图 11-2 所示。

2.转向灯简化原理图

转向灯简化原理图,如图 11-3 所示。

转向灯线路说明:

①点火开关 P05 处于 OFF 挡时 1、2 号端子断开;处于 ON 挡时 1、2 号端子导通。

②灯光开关 P06 关闭时,P06 的 11、12、13 号端子断开,P06 打开左转向时,P06 的 11、12 号端子导通,打开右转向时,P06 的 12、13 号端子导通。

③BCM 电源通电后,灯光开关 P06 关闭时,P37/13、P37/32 号端子有输出电压;灯光开关 P06 打开时,P37/13、P37/32 号端子电压为 0。

④P37/1 为 BCM 电源,P37/17、P36/7 为 BCM 搭铁。

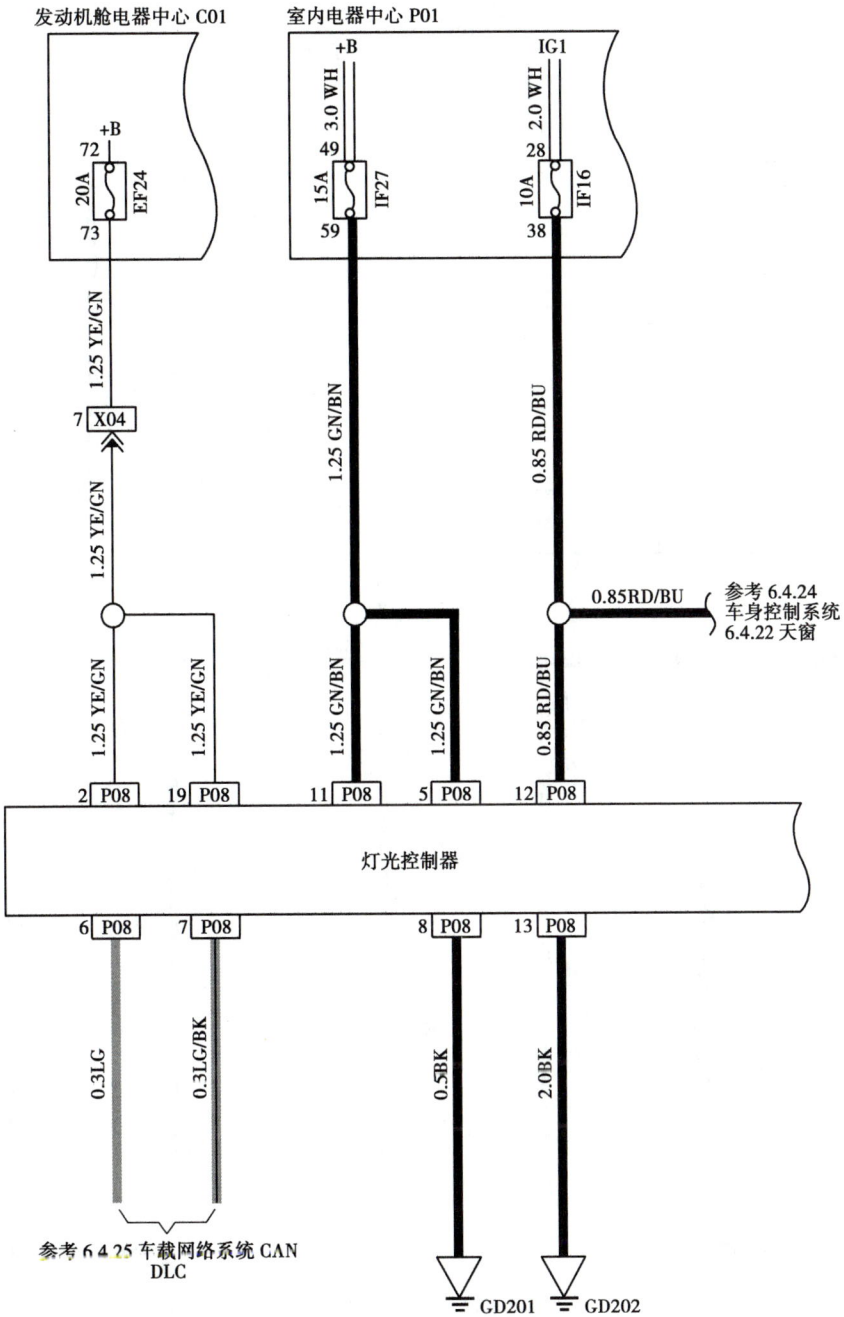

图 11-1　BCM 电源、搭铁电路图

室内电器中心 P01

HVAC 控制模块

灯光组合开关－转向

	转向公共端	右转向	左转向
LEFT	○——————————————————○		
OFF			
RIGHT	○——————————○		

参考 6.4.12 时钟
6.4.11 仪表电源信号

BCM

左侧
转向灯

左前
转向灯

左后
尾灯
（左后
转向灯）

右后尾灯
（右后转
向灯）

右前
转向灯

右侧
转向
灯

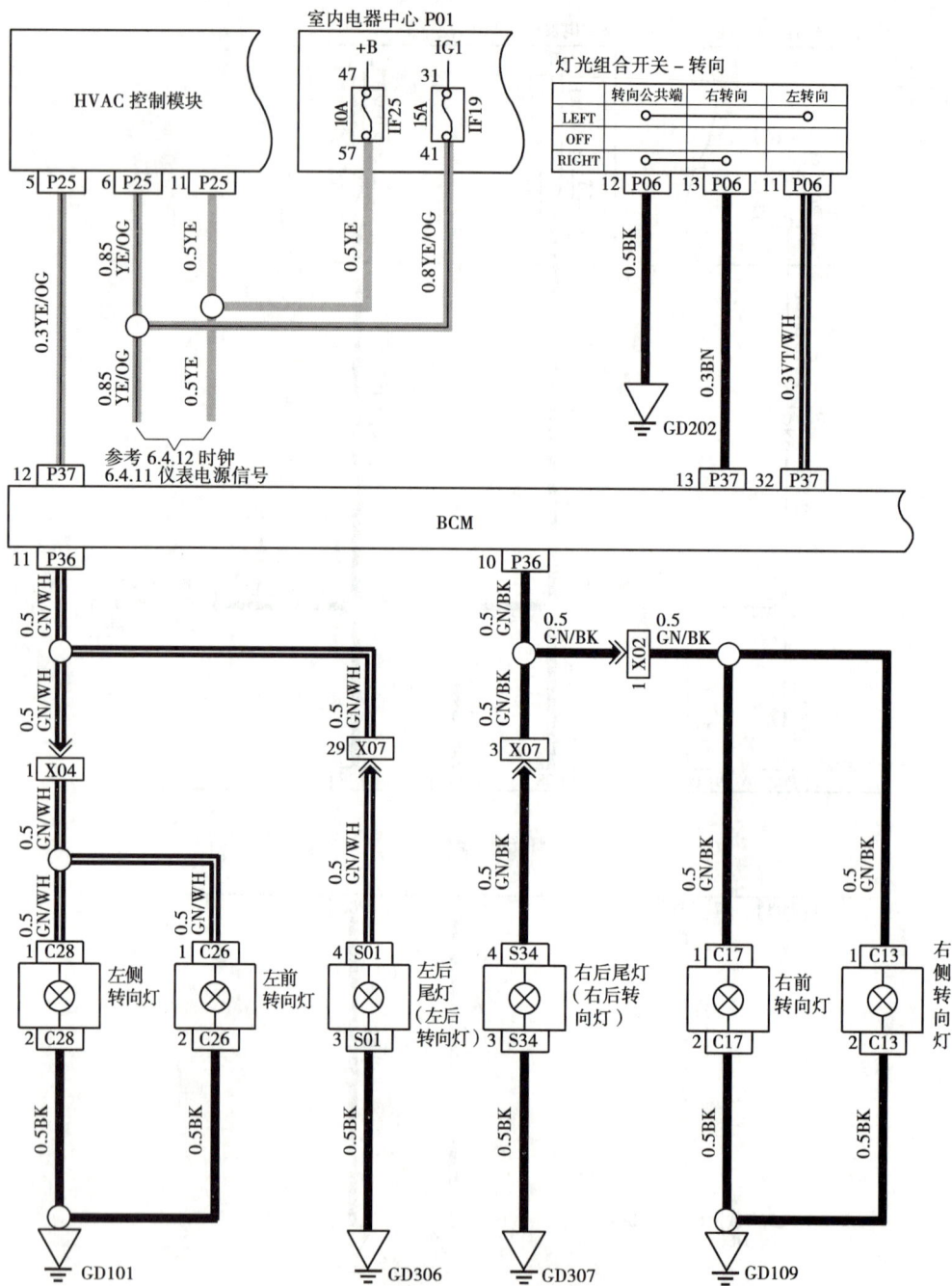

图 11-2　长安逸动汽车维修手册转向灯原理图

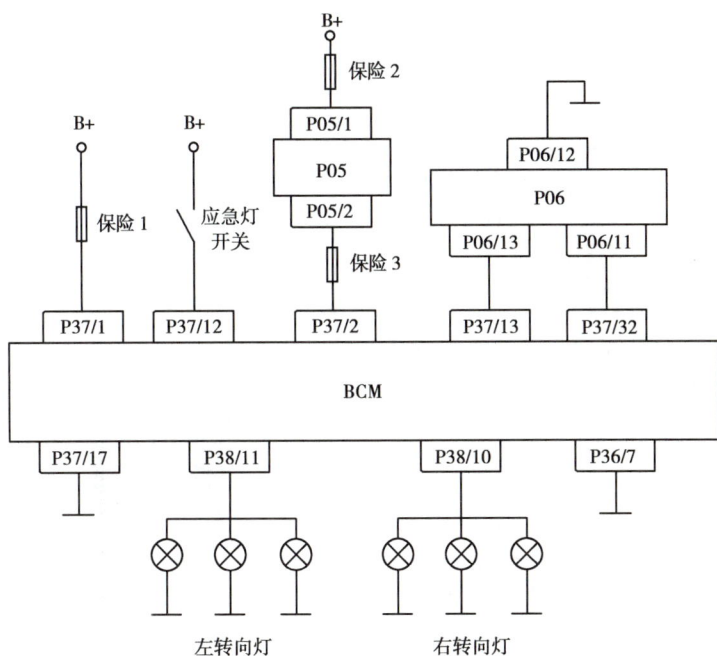

图 11-3　转向灯简化原理图

三、前雾灯电路

1.长安逸动汽车维修手册雾灯原理图

长安逸动汽车维修手册雾灯原理图,如图 11-4 所示。

2.前雾灯简化原理图

前雾灯简化原理图,如图 11-5 所示。

前雾灯线路说明:

①点火开关 P05 处于 OFF 挡时 1、2 号端子断开;处于 ON 挡时 1、2 号端子导通。

②灯光开关 P06 关闭时,P06 的 1、2、5、6 号端子断开,P06 打开小灯时,P06 的 1、2 号端子导通,打开雾灯时,P06 的 5、6 号端子导通。

③雾灯开关打开后,必须在小灯开关打开的前提下,雾灯才会亮。

④P37/1 为 BCM 电源,P37/17、P36/7 为 BCM 搭铁。

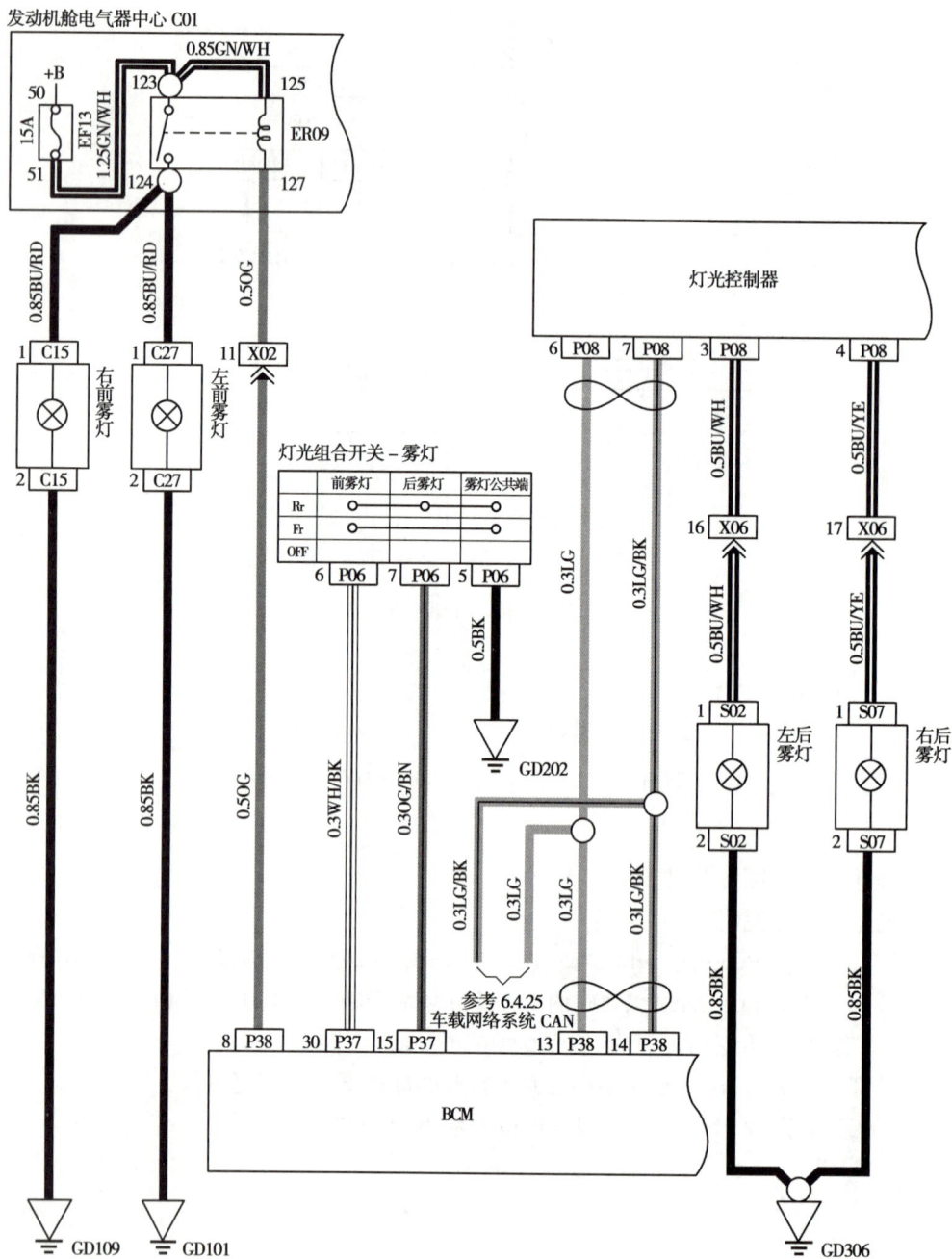

图 11-4　长安逸动汽车维修手册雾灯原理图

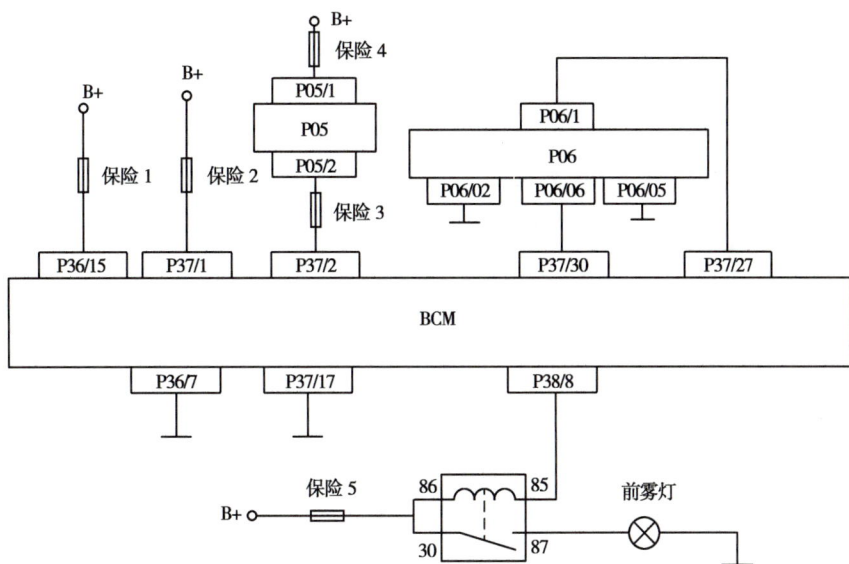

图 11-5　前雾灯简化原理图

【任务实施】

任务名称			
班　级		姓　名	
地　点		日　期	
成　员			

一、任务准备

1.设备准备

12V 低压直流电源、BCM、汽车灯光控制器、点火开关、组合开关、汽车线束、汽车熔断器、汽车继电器、汽车制动灯、汽车转向灯、汽车前雾灯等。

2.工量具准备

跨接线、试灯、万用表等。

3.根据维修手册画出转向灯的连线表格

4.根据维修手册画出前雾灯的连线表格

二、过程记录

活动名称	任务要点记录	使用资源记录	本人角色
1.制动灯电路连接与故障检测			□安全员 □操作员 □记录员 □观察员
2.转向灯电路连接与故障检测			□安全员 □操作员 □记录员 □观察员
3.前雾灯电路连接与故障检测			□安全员 □操作员 □记录员 □观察员

【评价与考核】

序号	作业项目	考核内容	评分标准	配分	扣分
1	作业安全职业操守	能进行工位7S操作	□整理、整顿(0.5分) □清理、清洁(0.5分) □素养、节约(0.5分) □安全(0.5分)	2	
		能进行设备和工具安全检查	□检查作业所需要的工具设备是否完备(1分) □检查作业环境是否配备灭火器(1分) □检查设备用电情况是否正常(1分)	3	
		能进行安全用电操作	□作业过程中做到远离油液(1分) □正确连接实训供电设备(2分) □正确操作用电设备(2分　)	5	
		能进行工具清洁校准存放操作	□使用工具前对工具、量具进行校准(1分) □使用工具后对工具、量具进行清洁(1分) □作业完成后对工具进行复位(1分)	3	
2	制动灯电路连接与故障检测	识读制动灯电路图	□能看懂倒车灯电路图(5分)	5	
		根据电路图连接倒车灯电路	□准确选择电气元件(2分) □准确连接倒车灯电路(7分)	9	
		制动灯电路故障检测	□能准确选择万用表挡位(2分) □准确检测电路故障(8分)	10	
		数据记录	□准确记录数据(5分)	5	
3	转向灯电路连接与检测	识读转向灯电路图	□能看懂倒车灯电路图(5分)	5	
		根据电路图连接倒车灯电路	□准确选择电气元件(2分) □准确连接倒车灯电路(7分)	9	
		转向灯电路故障检测	□能准确选择万用表挡位(2分) □准确检测电路故障(8分)	10	
		数据记录	□准确记录数据(5分)	5	
4	前雾灯电路连接与故障检测	识读前雾灯电路图	□能看懂倒车灯电路图(5分)	5	
		根据电路图连接倒车灯电路	□准确选择电气元件(2分) □准确连接倒车灯电路(7分)	9	
		前雾灯电路故障检测	□能准确选择万用表挡位(2分) □准确检测电路故障(8分)	10	
		数据记录	□准确记录数据(5分)	5	
合　　计				100	

【实训报告单】

实训报告单					
科　目		班　级		学生姓名	
实训项目					
实训任务					
实训器材					
实训内容					
体会或建议					
实训结果	自评_____		互评_____		师评_____

指导教师_____　　　　　　　　　　时间_____

【作业】

一、填空题

1.BCM 的发动机舱电源为_____和_____号线束接头。

2.BCM 的搭铁为_____和_____号线束接头,其中"GD"表示的含义是_____。

3.灯光控制器和 BCM 工作,先需要接好各自控制单元本身的_____和_____。

4.雾灯、远近光工作必须连接灯光开关的_____信号线和搭铁,因为必须让 BCM 识别到_____已经打开。

5.本项目是以_____、_____、_____电路图为例对汽车 BCM 电子控制典型电路进行的详细讲解。

二、选择题

1.长安逸动汽车 BCM 可以直接控制的灯光是(   )。
   A.转向灯   B.应急灯   C.前雾灯   D.前小灯

2.点火开关关闭时,可以工作的灯光是(   )。
   A.应急灯   B.小灯   C.超车灯   D.前雾灯

3.长安逸动汽车维修手册制动灯原理图中的灯光有(   )。
   A.左后制动灯   B.右后制动灯   C.高位制动灯   D.示宽灯

4.长安逸动汽车维修手册转向灯原理图中灯光开关使用了(   )线束接头。
   A.P06/12   B.P06/13   C.P06/14   D.P06/15

5.长安逸动汽车维修手册雾灯灯原理图中,搭铁符号有(   )。
   A.GD101   B.GD109   C.GD110   D.GD306

三、思维拓展

1.请绘制转向灯简化原理图。

2.请绘制雾灯电路简化原理图。

项目十二 | 汽车灯光控制器控制典型电路的连接与检测

【项目描述】

一辆长安逸动轿车行驶了 64 822 km，车主发现远近光灯不亮。车主用替换法将远近光灯的保险片更换以后灯仍然不亮，便开去修理厂检测。维修师傅根据维修电路图，用万用表对车辆转向灯线路进行检测，发现灯光控制器损坏导致无远近光灯电压输出。维修师傅是如何根据电路图对汽车电气线路进行检测的呢？这便是本项目的主要任务，即后小灯电路连接与故障检测、后雾灯电路连接与故障检测、远近光灯电路连接与故障检测。

【项目内容】

任务名称	主要内容
任务一　后小灯电路连接与故障检测	1.识读后小灯电路图； 2.根据电路图连接倒车灯电路； 3.后小灯电路故障检测
任务二　后雾灯电路连接与故障检测	1.识读后雾灯电路图； 2.根据电路图连接倒车灯电路； 3.后雾灯电路故障检测
任务三　远近光、超车灯电路连接与故障检测	1.识读远近光、超车灯电路图； 2.根据电路图连接倒车灯电路； 3.远近光、超车灯电路故障检测

【项目目标】

1.能看懂简单的汽车电路图，能根据维修手册查询指定电气元件的原理图，并根据其原理图画出电路简化图。

2.会使用汽车电气系统常用检测设备,能够用万用表排除简单汽车电路故障。

3.在操作过程中,树立学生常备不懈的安全操作意识和安全用电常识,培养学生踏实、肯干、肯钻研的工作态度和良好的岗位职责意识。

4.培养学生的环保意识,能对实训后的垃圾进行合理分类。

【知识储备】

一、灯光控制器控制原理

灯光控制器控制的灯光:后雾灯、远近光、后小灯(后位置灯)。

灯光控制器的控制信号来自 BCM,通过 CAN 总线传递。

远光灯和近光灯为同一个灯泡,实车是通过遮光板实现远近光的功能,连接远近光灯时必须连接近光灯信号线,远光灯才可以工作。

连接后小灯时,单侧必须并联两个小灯,并连好同侧的后雾灯。例如,连左侧小灯时,必须在左侧小灯控制针脚上同时并联两个小灯,在左侧后雾灯控制针脚上连上左侧后雾灯;否则会出现,开灯时只是闪烁一下就熄灭,这是由于控制单元的监控功能造成的。

二、照明系统

1.后小灯电路

(1)长安逸动汽车维修手册后小灯原理图

长安逸动汽车维修手册后小灯原理图,如图 12-1 所示。

(2)后小灯简化原理图

后小灯简化原理图,如图 12-2 所示。

后小灯线路说明:

①灯光开关 P06 关闭时,P06 的 1、2 号端子断开,P06 打开小灯/示宽灯开关时,P06 的 1、2 号端子导通。

②BCM 电源通电,灯光开关 P06 关闭时,P37/27 号端子有输出电压;灯光开关 P06 打开时,P37/27 号端子电压为 0。

③BCM 电源通电,灯光开关 P06 关闭时,P38/13 号端子输出电压为 CAN-H 电压约 3.7V,P38/14 号端子输出电压为 CAN-L 电压约 1.8V;灯光开关 P06 打开时,P38/13、P38/14 号端子输出电压均约 2.7V。

④P37/1 为 BCM 电源,P37/17、P36/7 为 BCM 搭铁。

⑤P08/5、P08/11 为灯光控制器电源,P08/8、P08/13 为灯光控制器搭铁。

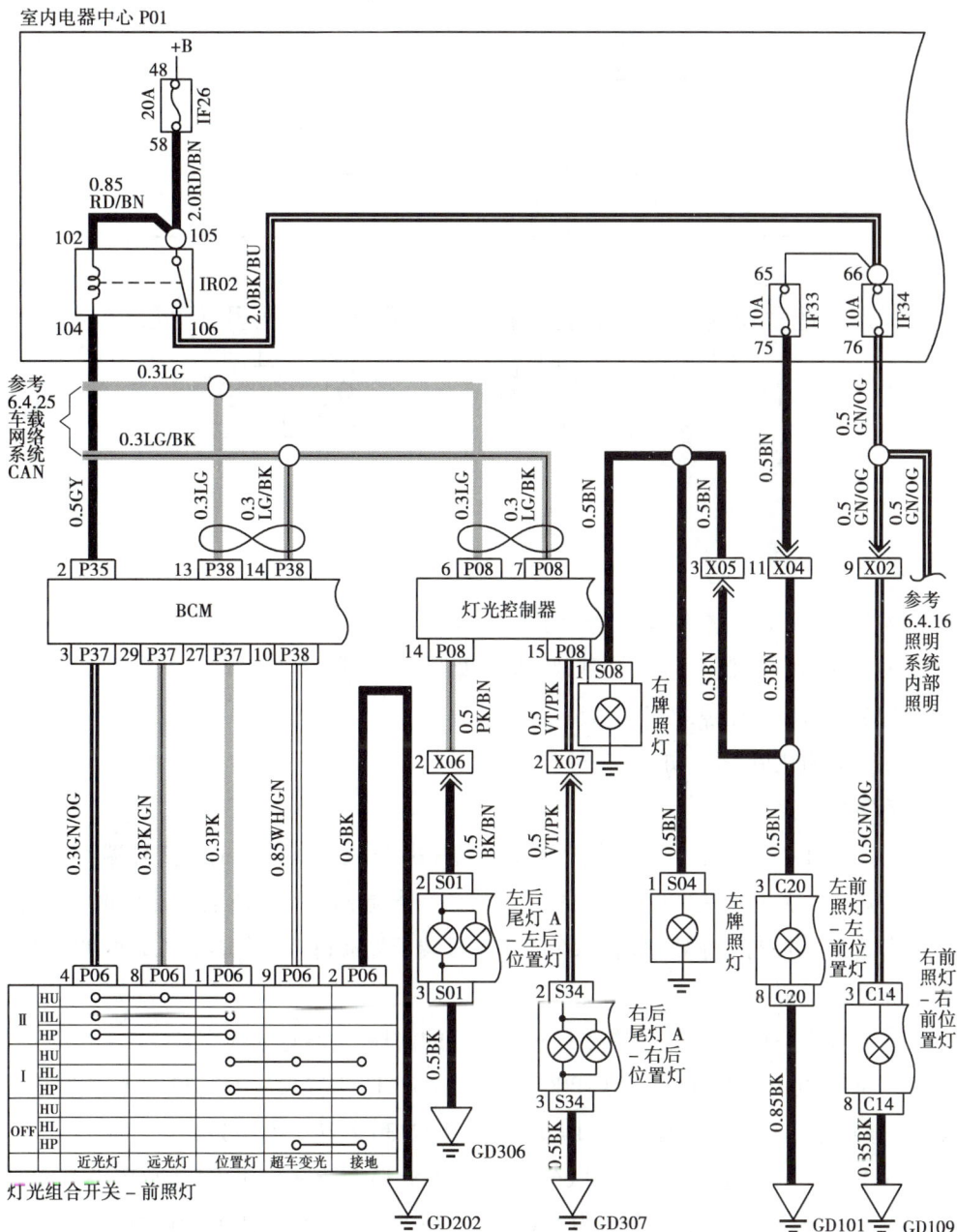

图 12-1　长安逸动汽车维修手册后小灯原理图

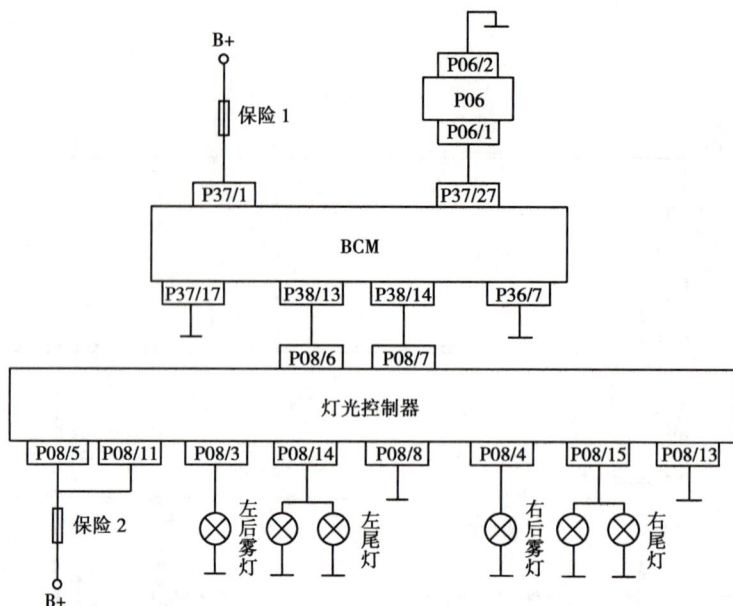

图 12-2　后小灯简化原理图

2.后雾灯电路

（1）长安逸动汽车维修手册后雾灯原理图

长安逸动汽车维修手册后雾灯原理图,如图 12-3 所示。

（2）后雾灯简化原理图

后雾灯简化原理图,如图 12-4 所示。

后雾灯线路说明:

①点火开关 P05 处于 OFF 挡时 1、2 号端子断开;处于 ON 挡时 1、2 号端子导通。

②灯光开关 P06 关闭时,P06 的 1、2、5、6、7 号端子断开;P06 打开小灯时,P06 的 1、2 号端子导通;打开前雾灯时,P06 的 5、6 号端子导通;打开后雾灯时,P06 的 5、6、7 号端子导通。

③雾灯开关打开后,必须在小灯开关打开的前提下,雾灯才会亮。

④BCM 电源通电,灯光开关 P06 关闭时,P37/15、P37/27、P37/30 号端子有输出电压;灯光开关 P06 打开时,P37/15、P37/27、P37/30 号端子电压为 0。

⑤BCM 电源接通,灯光开关 P06 关闭时,P38/13 号端子输出电压为 CAN-H 电压约3.7V,P38/14 号端子输出电压为 CAN-L 电压约 1.8V;灯光开关 P06 打开时,P38/13、P38/14 号端子输出电压均约2.7V。

⑥灯光控制器电源接通正常工作时,P08/3、P08/4 号端子输出电压为 12V。

⑦P37/1 为 BCM 电源,P37/17、P36/7 为 BCM 搭铁。

⑧P08/5、P08/11 为灯光控制器电源,P08/8、P08/13 为灯光控制器搭铁。

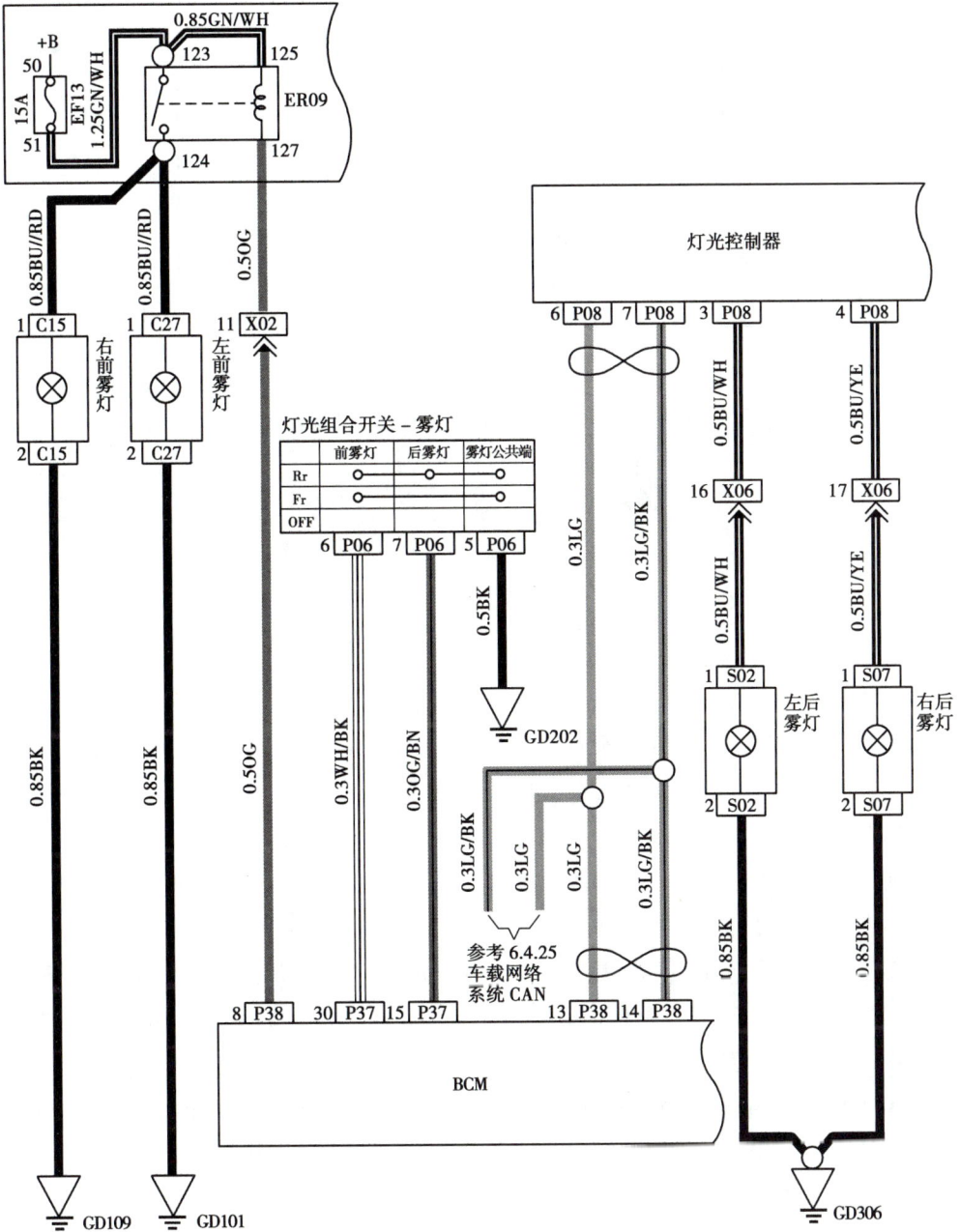

图 12-3　长安逸动汽车维修手册后雾灯原理图

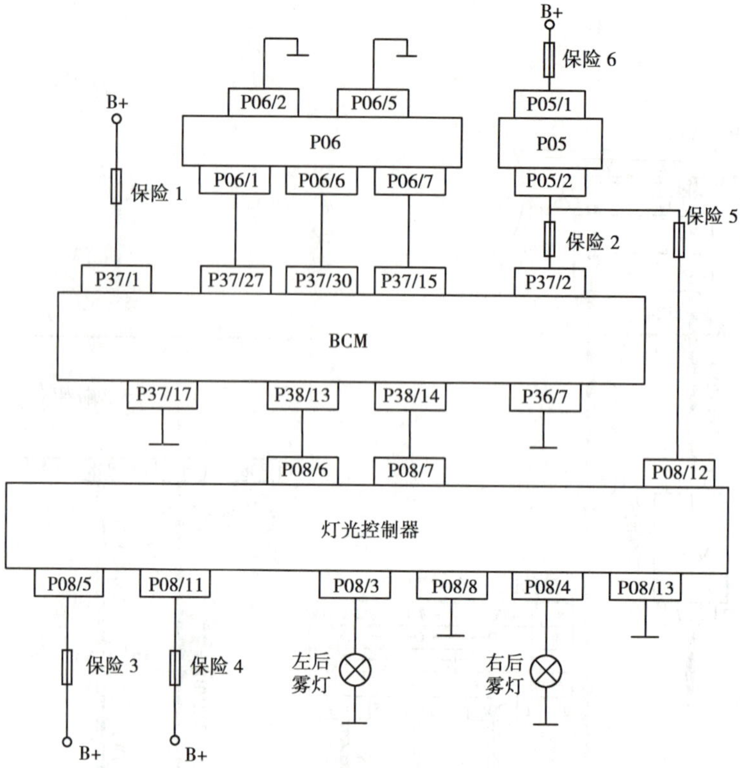

图 12-4　后雾灯简化原理图

3.远近光、超车灯电路

（1）长安逸动汽车维修手册远近光灯原理图

长安逸动汽车维修手册远近光灯原理图，如图 12-5 所示。

（2）远近光灯简化原理图

远近光灯简化原理图，如图 12-6 所示。

远光灯线路说明：

①点火开关 P05 处于 OFF 挡时 1、2 号端子断开；处于 ON 挡时 1、2 号端子导通。

②灯光开关 P06 关闭时，P06 的 1、2、4、8 号端子断开；P06 打开小灯时，P06 的 1、2 号端子导通；打开远光灯时，P06 的 4、8 号端子导通。

③BCM 电源通电，灯光开关 P06 关闭时，P37/15、P37/27、P37/30 号端子有输出电压；灯光开关 P06 打开时，P37/15、P37/27、P37/30 号端子电压为 0。

④远光灯打开时，点火开关要先打开，远光灯才会亮。

⑤BCM 电源接通，灯光开关 P06 关闭时，P38/13 号端子输出电压为 CAN-H，电压约 3.7V，P38/14 号端子输出电压为 CAN-L，电压约 1.8V；灯光开关 P06 打开时，P38/13、P38/14 号端子输出电压均约 2.7V。

⑥灯光控制器电源接通正常工作时，P08/3、P08/4 号端子输出电压为 12V。

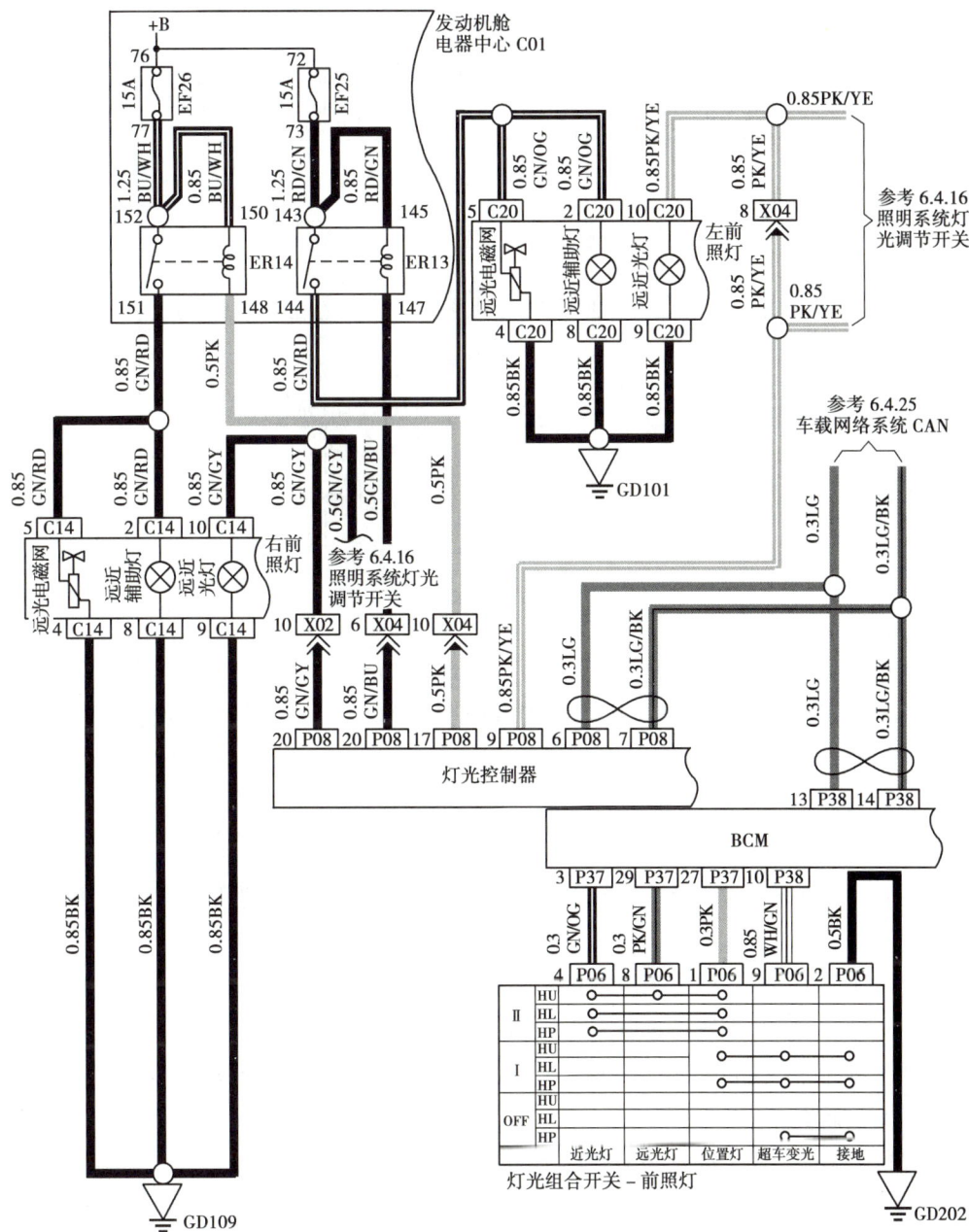

图 12-5 长安逸动汽车维修手册远近光灯原理图

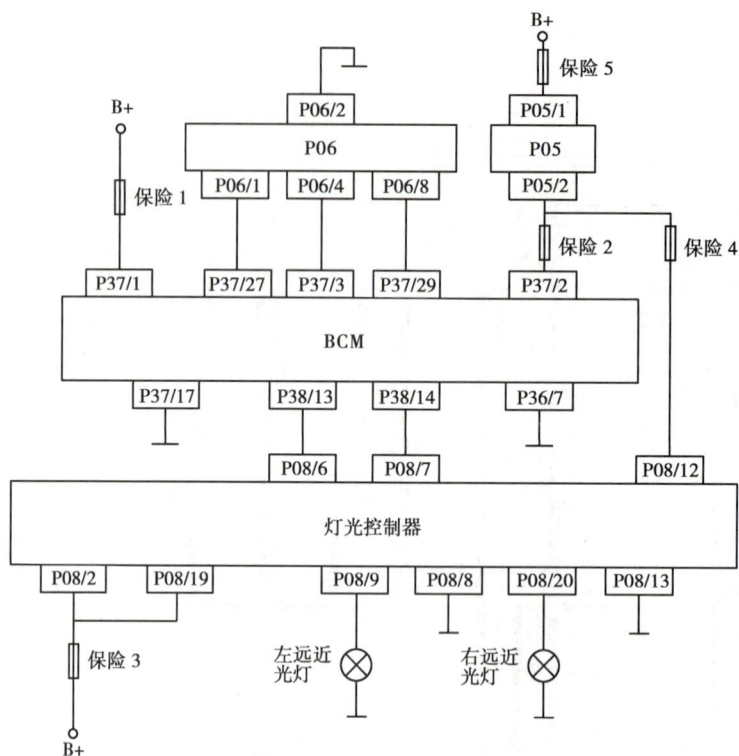

图 12-6　远近光灯简化原理图

⑦P37/1 为 BCM 电源,P37/17、P36/7 为 BCM 搭铁。

⑧P08/5、P08/11 为灯光控制器电源,P08/8、P08/13 为灯光控制器搭铁。

（3）超车灯简化原理图

超车灯简化原理图,如图 12-7 所示。

超车灯线路说明:

①灯光开关 P06 关闭时,P06 的 2、9 号端子断开,P06 打开超车灯时,P06 的 2、9 号端子导通。

②BCM 电源通电,灯光开关 P06 关闭时,P38/10 号端子有输出电压;灯光开关 P06 打开时,P38/10 号端子电压为 0。

③打开超车灯时,不需要打开点火开关和远近光灯开关,只需要直接打开超车灯开关超车灯就会亮。

④BCM 电源接通,灯光开关 P06 关闭时,P38/13 号端子输出电压为 CAN-H 电压约 3.7V,P38/14 号端子输出电压为 CAN-L 电压约 1.8V;灯光开关 P06 打开时,P38/13、P38/14 号端子输出电压均约 2.7V。

⑤灯光控制器电源接通正常工作时,P08/9、P08/20 号端子输出电压为 12V。

⑥P37/1 为 BCM 电源,P37/17、P36/7 为 BCM 搭铁。

⑦P08/5、P08/11 为灯光控制器电源,P08/8、P08/13 为灯光控制器搭铁。

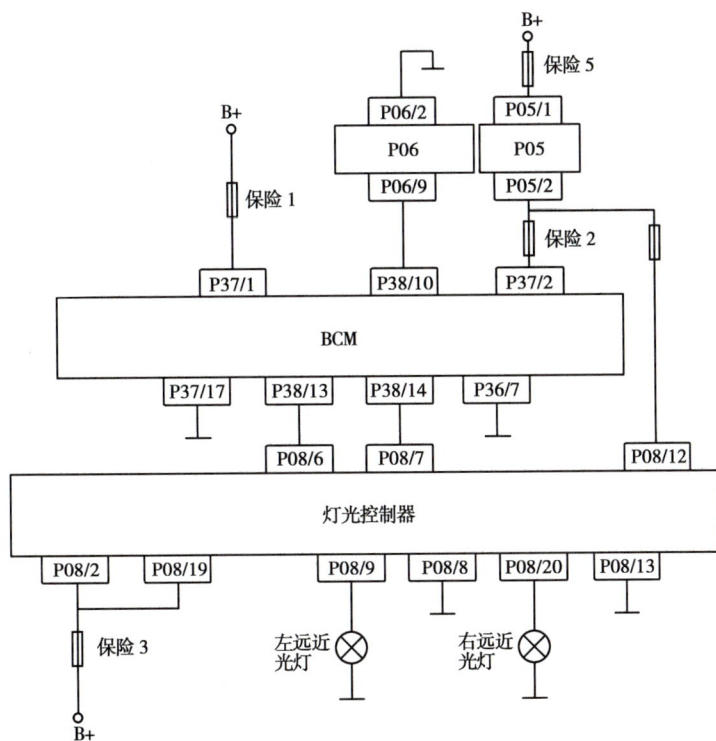

图 12-7　超车灯简化原理图

【任务实施】

任务名称			
班　级		姓　名	
地　点		日　期	
成　员			

一、任务准备

1.设备准备

12V 低压直流电源、BCM、汽车灯光控制器、点火开关、组合开关、汽车线束、汽车熔断器、汽车继电器、汽车制动灯、汽车转向灯、汽车后雾灯、汽车远近光灯、汽车超车灯等。

2.工量具准备

跨接线、试灯、万用表等。

3.绘制汽车后小灯电路连线表格

4.绘制汽车后雾灯电路连线表格

5.绘制汽车远近光灯、超车灯电路连线表格

二、过程记录

活动名称	任务要点记录	使用资源记录	本人角色
1.后小灯电路图			□安全员 □操作员 □记录员 □观察员
2.后雾灯电路连接及故障分析			□安全员 □操作员 □记录员 □观察员
3.远近光、超车灯电路连接和检测			□安全员 □操作员 □记录员 □观察员

【评价与考核】

序号	作业项目	考核内容	评分标准	配分	扣分
1	作业安全职业操守	能进行工位7S操作	□整理、整顿(0.5分) □清理、清洁(0.5分) □素养、节约(0.5分) □安全(0.5分)	2	
		能进行设备和工具安全检查	□检查作业所需要的工具设备是否完备(1分) □检查作业环境是否配备灭火器(1分) □检查设备用电情况是否正常(1分)	3	
		能进行安全用电操作	□作业过程中做到远离油液(1分) □正确连接实训供电设备(2分) □正确操作用电设备(2分)	5	
		能进行工具清洁校准存放操作	□使用工具前对工具、量具进行校准(1分) □使用工具后对工具、量具进行清洁(1分) □作业完成后对工具进行复位(1分)	3	
2	后小灯电路连接与故障检测	识读后小灯电路图	□能看懂倒车灯电路图(5分)	5	
		根据电路图连接倒车灯电路	□准确选择电气元件(2分) □准确连接倒车灯电路(7分)	9	
		后小灯电路故障检测	□能准确选择万用表挡位(2分) □准确检测电路故障(8分)	10	
		数据记录	□准确记录数据(5分)	5	
3	后雾灯电路连接与故障检测	识读后雾灯电路图	□能看懂倒车灯电路图(5分)	5	
		根据电路图连接倒车灯电路	□准确选择电气元件(2分) □准确连接倒车灯电路(7分)	9	
		后雾灯电路故障检测	□能准确选择万用表挡位(2分) □准确检测电路故障(8分)	10	
		数据记录	□准确记录数据(5分)	5	
4	远近光、超车灯电路连接与故障检测	识读远近光、超车灯电路图	□能看懂倒车灯电路图(5分)	5	
		根据电路图连接倒车灯电路	□准确选择电气元件(2分) □准确连接倒车灯电路(7分)	9	
		远近光、超车灯电路故障检测	□能准确选择万用表挡位(2分) □准确检测电路故障(8分)	10	
		数据记录	□准确记录数据(5分)	5	
		合　计		100	

【实训报告单】

实训报告单					
科　目		班　级		学生姓名	
实训项目					
实训任务					
实训器材					
实训内容					
体会或建议					
实训结果	自评_____　　　互评_____　　　师评_____				

指导教师_____　　　　　　　　　　　　时间_____

【作业】

一、填空题

1.灯光控制器的控制信号来自_____,通过 CAN 总线传递。

2.长安逸动汽车连接远近灯线路时必须连接_____灯信号线,远光才可以工作。

3.长安逸动汽车维修手册后小灯原理图中,BCM 的 CAN 线输出线束接头为_____和_____。

4.长安逸动汽车连接雾灯线路时必须连接_____灯信号线,雾灯才可以工作。

5.本项目是以_____、_____、_____电路图为例对汽车 BCM 电子控制典型电路进行的详细讲解。

二、选择题

1.灯光控制器控制的灯光有(　　　)。

　　A.后雾灯　　　　　B.远近光灯　　　　　C.后小灯　　　　　D.前雾灯

2.长安逸动汽车维修手册后小灯原理图中,搭铁符号有(　　　)。

　　A.GD101　　　　　B.GD109　　　　　C.GD202　　　　　D.GD307

3.长安逸动汽车维修手册雾灯原理图中,灯光控制器的信号输出线束接头为(　　　)。

　　A.P08/2　　　　　B.P08/3　　　　　C.P08/4　　　　　D.P08/5

4.长安逸动汽车维修手册前照灯原理图中,继电器控制的元件是(　　　)。

　　A.远光电磁阀　　　B.远近光灯　　　　C.远光辅助灯　　　D.灯光控制器

5.长安逸动汽车维修手册前照灯原理图中,搭铁符号有(　　　)。

　　A.GD101　　　　　B.GD109　　　　　C.GD202　　　　　D.GD307

三、思维拓展

1.请绘制雾灯简化原理图。

2.请绘制远近光、超车灯电路简化原理图。